MENTORES
SEGUN EL CORAZÓN DE
DIOS

EDITORIAL PENIEL
Boedo 25
Buenos Aires, C1206AAA
Argentina
Tel. 54-11 4981-6178 / 6034
e-mail: info@peniel.com
www.peniel.com

Diseño de cubierta e interior:
ARTE PENIEL • arte@peniel.com

Publicado originalmente en inglés con el título:
The Divine Mentor
Copyright © 2007
Wayne Cordeiro

Cordeiro, Wayne
  Mentores según el corazón de Dios. - 1a ed. - Buenos Aires : Peniel, 2009.
    208 p. ; 21x14 cm.
  Traducido por: Karin Handley
  ISBN 10: 987-557-228-4
  ISBN 13: 978-987-557-228-7
  1. Vida Cristiana. I. Handley, Karin, trad. II. Título
  CDD 248

Impreso en Colombia / Printed in Colombia

MENTORES
SEGUN EL CORAZÓN DE
DIOS
WAYNE
CORDEIRO

PENIEL

BUENOS AIRES - MIAMI - SAN JOSÉ - SANTIAGO

www.peniel.com

ESTE LIBRO ESTÁ DEDICADO ALGUIEN
QUE ME SALVÓ LA VIDA: JEREMÍAS.

En un mundo donde los líderes surgen y emprenden sus caminos buscando las mejores prácticas y estrategias innovadoras, hay un llamado para volver al Mundo de Dios como nuestra base.

Durante años seguí la tendencia a apartarme de la fuente de Agua Viva, cavando para mí cisternas que llenaba con ideas contemporáneas y de misión, pero que perdían agua.[1] Jeremías me animó a hablar con mentores divinos a diario, y eso ha cambiado radicalmente mi vida.

También agradezco a otros que han inspirado en mí el amor por la palabra de Dios: Joe Wittwer, Pastor del Life Center en Spokane, Washington, y Dale Coffing de Albuquerque, Nuevo Méjico, quien me animó a imprimir este simple sistema que, si sigue leyendo, cambiará su vida radicalmente también.

ÍNDICE

PRÓLOGO

Nubes de humo en el horizonte. Humo donde no debería haber humo, al menos no una columna tan inmensa como esta.

No puede ser bueno.

Terroristas. ¿Qué otra cosa podría ser?

Al aproximarnos pudimos ver unas pocas llamas que lamían montañas de goma. Donde solía haber casas, calles, patios de juego, jardines... ya no había nada. Humo, ruina, cenizas. Nada más.

Conmocionados hasta la inmovilidad, no había nada que pudiéramos hacer. ¿Dónde estaban las casas? *¿Dónde estaban las mujeres y los niños?*

Nos asomamos por sobre el terraplén, algunos arrastrándonos, otros saltando, otros corriendo a más no poder, tropezando, levantándose y volviendo a caer. Cada hombre corrió hasta el lugar donde estaba su casa, esperando ver a alguien moviéndose en medio del desastre: un rostro amado, una forma que se tambaleara entre la devastación. Pero no había nadie. Y ningún ruido aparte del crujido de las llamas, alimentadas por un viento desértico y solitario.

¿Dónde estaban los cuerpos? No veíamos ninguno. ¡Los terroristas debían haber raptado a todas las mujeres y a todos los niños del pueblo!

Lloramos sin vergüenza alguna. Algunos maldecían, otros gritaban nombres en su angustia. Murmurando entre ellos, el grupo comenzó a reunirse; se miraban los unos a los otros, asintiendo, acariciando sus armas. Era igual al momento antes de una violenta tormenta de truenos, cuando el aire se vuelve denso y sofocante.

Ahí fue cuando él cayó de rodillas en convulsiones de agonía. *Sus* seres queridos tampoco se habían salvado.

No podíamos hacer nada más que mirar. Mientras se secaba las lágrimas, pidiendo ayuda, esperanza y dirección, su lenguaje corporal comenzó a cambiar. Se le aflojaron los hombros, al parecer ya sin tensón. Abrió las manos y miró al cielo, orando. Finalmente se puso de pie, enjugó sus lágrimas y ya erguido habló con voz firme.

Diga lo que quiera, algo sucedió sobre esa roca al borde de la devastación total. En esos momentos, encontró la fuerza, la confianza y una nueva resolución. Dios tiene que haberle dado un plan también porque poco después nos lanzamos rápidos como el viento a la búsqueda de esos invasores.

En ese momento, pudimos volver a creer. Entre nosotros surgía la confianza de que recuperaríamos de las cenizas de Siclag todo lo que habíamos perdido… y tal vez aún más.

INTRODUCCIÓN

Mis mejores amigos están en La Biblia. Permítame presentarle a uno de los más cercanos: David.

¿Ustedes dos ya se conocen? *Claro* que lo reconoce, ¿verdad? Probablemente lo conozca mejor como *rey David*, pero cuando ocurrió este incidente, el todavía tenía por recorrer un largo camino hasta llegar al trono del antiguo Israel.

Esto me lleva a algo realmente notable.

David ha dejado esta tierra hace más de tres milenios. Aún así, él y yo nos seguimos encontrando todas las semanas. Todavía enseña, todavía habla, todavía alienta y capacita. Al caminar con David entre las humeantes ruinas de Siclag, encuentro ayuda y fortaleza para los desafíos que se me presentan en el camino.

Y él no está solo: ¡está entre una escogida y selecta comunidad de los mejores instructores! A través de los años, navegué con Noé; escalé con Moisés. Entrar en el mundo de La Biblia para aprender de mis amigos y *héroes* realmente me cambia como persona.

Jeremías salvó mi vida. Nehemías mantuvo a flote mi vacilante ministerio. A través de sus dificultades con los ricos y avaros, Salomón ha sido mi tutor para ser una persona de excelencia sin opulencia.

En repetidas oportunidades, escuché a jóvenes líderes quejarse de la escasez de mentores. Pero hemos estado buscando en los lugares equivocados, ya que los más grandes mentores no se encuentran entre aquellos que están actualmente en la Tierra. Nos esperan en otra galería.

Cuando el estudiante esté listo, aparecerá el mentor. Estos héroes y estas leyendas nos han estado esperando.

De hecho, todo lo que se escribió en el pasado se escribió para enseñarnos a fin de que, alentados por las Escrituras, perseveremos en mantener nuestra esperanza.[2]

El aliento es la lengua nativa de Dios. Pero sin un cambio, el aliento sería lo mismo que una bicicleta con un solo pedal. Se requiere de nuestra participación. *El aliento se convierte en esperanza cuando las instrucciones encuentran nuestra aceptación y aplicación.*

El viaje en el que usted está a punto de embarcar es interactivo. Las lecciones que recogerá en este libro han sido destiladas por más de treinta y tres años de amistad con mis mentores. Lo que está a punto de leer ha sido la clave más importante de todo lo que he hecho. No es un programa. Es una aventura ofrecida solo a ávidos estudiantes de la vida.

En este globo giratorio, solo tenemos una sola vida por vivir, y muchos llegan a la mitad antes de darse cuenta de que la vida no caerá prolijamente sobre nuestras faldas sin nuestra participación y relación con ella. O, peor aún, la vida no se mantendrá prolija y ordenada ante nuestras pobres elecciones. La vida solo dará su mejor fruto a los granjeros diligentes, y sus tesoros a los industriosos peregrinos que trabajan con esfuerzo.

He hablado con cientos de hombres y mujeres de cincuenta y sesenta años, y mayores también, que siguen penando por el recuerdo de malas decisiones que tomaron. "Oh –dicen–, ¡cómo desearía haber sabido en ese momento lo que sé ahora!".

Si tan solo hubieran entendido; si tan solo hubiesen sido capaces de ver; si tan solo hubieran dado un paso hacia atrás para ver desde otra perspectiva. Tal vez, habrían criado a sus hijos de una forma diferente. O no habrían arruinado su matrimonio. O hubieran evitado miles de penas sin nombre que han plantado en ellos un arrepentimiento que parece nunca acabar.

MENTORES DIVINOS

No hay por qué vivir con una interminable serie de "si hubiese". ¡Realmente no hay razón! Dios les ha dado una tarea a ciertos hombres y mujeres que, aún muertos, "todavía hablan".[3]

A estos instructores se les ha delegado la tarea y la obligación de ser tutores de aquellos que se inscriben para aprender. Al seguir a estos hombres y mujeres, usted puede:

- Encontrar la ayuda necesaria cuando se le presentan pruebas difíciles.
- Caminar tanto con los héroes de La Biblia como con los necios.
- Comenzar a pensar como Dios piensa, para poder responder como Él responde.
- Evitar errores costosos y así ahorrarse décadas de pena y dolor.

Estos mentores lo guiarán a la fortaleza, le darán dirección y esperanza aun cuando se encuentre en los momentos más atemorizantes y estrechos de la vida.

Y el Espíritu Santo promete exhalar en su presente lecciones clave del pasado para volverlas a la vida. Abraham será su mentor en la fe. De Sansón aprenderá sobre el autocontrol sexual. Daniel lo instruirá en cómo influir en su comunidad. Rut le enseñará sobre el amor y la lealtad.

Permítame llevarlo hacia la aventura más grande que jamás ha vivido. Venga, camine conmigo mientras visitamos a los hombres y las mujeres de Dios, gente de fe (y también a algún que otro canalla).

Todos ellos lo están esperando.

DE PAULINO OLVERA PACHECO
PARA JESUS AGUILAR
QUERIDO HERMANO EN CRISTO JESUS
ESPERO EN DIOS ESTE LIBRO Y LA
SABIDURIA DE NUESTRO SEÑOR TE
ALLUDE EN ESTE CAMINAR EN LOS
CAMINOS DE NUESTRO SEÑOR JESUS
ESFUERZATE Y SE VALIENTE
AI GUE APRENDER DE ESOS MENTORES
GUE DIOS ESCOJIO PARA APRENDER
DE ELLOS.

MIRE HERMANO SI DIOS NOS SACO
DE DONDE ANDAVAMOS PERDIDOS
FUE CON UN PROPOSITO Y ESE PROPOSITO
NO SE PUEDE CUMPLIR SI NOSOTROS
NO ESTAMOS DISPUESTOS A CUMPLIRLO

PERO EL LLA TIENE EL PLAN TRASADO
PARA USARNOS EL NOS ESTA CAPACITANDO
PARA SEGUIR ACIENDO LA HOBRA QUE
NOS A ENCOMENDADO PO RESO EL
NOS SACO DE LA HINMUNDICIA DONDE
AVIAMOS CAIDO PERO AORA SOMOS
MASQUE VENCEDORES EN CRISTO
DIA CON DIA USTED PROCLAMESE
SANO DE TODA HENFERMEDAD DE
TODO VICIO PORQUE EL PAGO
UN GRAN PRECIO PARAQUE NOSOTRO
SEAMOS COMPLETAMENTE LIMPIOS
POR SU SANGRE.

ADELANTE HERMANO JESUS
CRISTO LE AMA AUSTED ES DE
MUCHO VALOR PARA EL Y PARA
TODA SU FAMILIA.
QUE DIOS LE VENDIGA ABUNDAN.
TE MENTE LE PROSPERE EN TODO
SON MIS MEJORES DECEOS.
UN ERMANO EN CRISTO JESUS
ATTE. PAULINO OLVERA

Primera parte

La voz que trae vida

CAPÍTULO I

CERCOS SAGRADOS

"Por sobre todas las cosas cuida tu corazón,
porque de él mana la vida".
— SALOMÓN

En el hermoso verano de 1606, en un bosque de altísimas secoyas ubicado en lo que se daría por llamar California, un retoño asomaba en la tierra virgen. Bebiendo energía de los rayos de sol que se filtraban por las ramas de las torres centinelas, el brote extendía sus bracitos hacia la luz y el calor que lo habían despertado.

Un año después, el retoño se convertía en el arbolito donde la Compañía de Londres inició el asentamiento de Jamestown en Massachusetts.

Y un año después de eso, al convertirse el pequeño retoño en una joven secoya, un aventurero de nombre Samuel de Champlain fundó la ciudad de Québec, en Nueva Francia, territorio que un día se llamaría Canadá.

Luego de tres años más, cuando la secoya medía ya casi cuatro metros de altura, un grupo de académicos realizó una elegante traducción de La Biblia que sería conocida como la Versión King James. En 1618, cuando el árbol tenía ya aproximadamente dos pisos de altura, Europa se vio envuelta en un conflicto al cual los libros de historia llamarían La Guerra de los Treinta Años.

Mientras el árbol seguía creciendo, los Estados Unidos se convirtió en una nación que pasó por una guerra civil, se unió a Europa en la lucha de dos guerras mundiales, llevó hombres a la Luna y sufrió de la mano de los terroristas el 11 de septiembre del 2001.

A lo largo de todos estos eventos que abarcaron siglos, ese retoño se transformó en un titán del bosque de más de setenta metros de altura, que apuntaba hacia el sol de California.

Pero luego, hace tan solo un par de años, el árbol cayó sobre la tierra con un ruido atronador. Fue la primera de las magníficas secoyas de Yosemite en caer en muchos años, por lo que el Servicio Forestal autorizó una investigación. ¿Qué fuerza misteriosa bajó al gigante? ¿Qué causaría que un árbol tan majestuoso cayera?

No hubo tormentas de viento, incendios, inundaciones o rayos que lo azotaran. El árbol caído no mostró evidencia de daños causados por animales o insectos. Al examinar el gigantesco árbol, los guarda parques y expertos en forestación llegaron a una unánime conclusión: *tráfico peatonal*.

En una entrevista con la CNN, la guarda parque Deb Schweizer explicó que el tráfico peatonal alrededor de la base del árbol a través de los años había afectado el sistema de raíces y contribuyó al colapso. Agregó que las autoridades del parque habían decidido poner cercos alrededor de los árboles más antiguos, grandes e históricamente significativos, "para evitar que el público pise los sistemas de raíces de estos gigantes".

Luego de ver ese reportaje me recliné en la silla. Como dijo el rey Salomón en el libro de Proverbios: *"Guardé en mi corazón lo observado, y de lo visto saqué una lección"*.[2] Pensé: *hasta los venerables e incondicionales árboles que han vivido durante siglos no pueden sobrevivir cuando no hay protección. Cuando no hay cercos sagrados alrededor de su sistema de raíces.*

Lo que vale para las secoyas también vale para usted y para mí. Tenemos sistemas de raíces delicados y más frágiles de lo que podríamos imaginar, y a menos que encontremos la manera de proteger y nutrir estas raíces, también caeremos. Puede tratarse de un colapso moral, emocional o físico, o puede ser poco a poco, a lo largo de los meses y años, debilitando gradualmente nuestras vidas, erosionando nuestras personalidades, matando la esencia de quienes somos y de lo que nos gustaría llegar a ser.

Lo sé, créame.

UN AMIGO QUE SALVÓ MI VIDA Y MI MINISTERIO

Mi día a día ante los pies de Cristo me permite que los mentores bíblicos estén cerca de mí. Me lleva a estar frente a frente con otros que estaban desalentados en su ministerio. Ahí es donde me encontraba yo. Así que programé algunas reuniones con hombres que conocían mi historia.

Uno de ellos era José, quien al esforzarse por agradar a Dios fue echado en prisión para pasar dos años allí, víctima del olvido.

Otro era Elías, quien estaba deprimido y abatido.

Y David, quien al regresar de la batalla, encontró que toda su familia había sido tomada cautiva y que su hogar había sido saqueado. En ese momento, él y sus hombres lloraron hasta que no pudieron llorar más. ¿Se sintió así alguna vez?

Pero fue Jeremías quien salvó mi vida.

Mi bote personal había volcado, naufragado. Había vaciado mi sistema hasta agotar mi química corporal. Había perdido mi visión, mi deseo de continuar. Una fea depresión me envolvió, como una nube negra. Constantemente me fijaba si había ahorrado lo suficiente para retirarme antes de tiempo, escapar por la frontera y ser anónimo para siempre.

Durante muchos meses de agonía, fui quitando cosas, aquí y allá, todo lo que pude, para poder aflojar la soga que estaba ahorcando mi corazón. Abierto a cualquier oferta de trabajo, luché para poder seguir predicando y cumpliendo con mis tareas ministeriales. Pero lo que nunca reduje fue mi devoción diaria. Estoy agradecido y no tengo palabras para expresarlo. Porque eso salvó mi futuro.

Era la hora del café matutino. Me senté con uno de mis compañeros de rendición de cuentas: Jeremías. El comprendió lo que había en mi corazón. Ese día teníamos algo en común. Parece que él se había estrellado contra la misma pared que yo. Y creo haber llegado, igual que él, al final de mis fuerzas. La soga ya estaba tensa, y no tenía más espacio para seguir. Me encontraba flotando en medio de una tormenta en el océano. Perder la esperanza era solo cuestión de tiempo.

Jeremías sufrió el ridículo, la burla, fue degradado y aislado. Jeremías había estado rodeado de desesperanza y falta de fe. *"No falta quien me pregunte: '¿Dónde está la palabra del Señor? ¡Que se haga realidad!'."*3

Jeremías lo entendió. Él sintió lo que yo sentí. Me sentí a gusto con su empatía. No sabía qué hacer. Estaba seco, frito, y me preguntaba: *¿Dónde están la sanidad y la renovación prometidas por Dios? Si no vienen ahora, ¿para que sirven?* Vapuleado en un mar de desesperación, no había ayuda a la vista.

El siguiente texto fue lo que me salvó. No, no fue una poción mágica. Fue una declaración de un amigo, amable pero firme. Hablando con Dios, Jeremías dijo: *"Pero yo no me he apresurado a abandonarte y dejar de ser tu pastor...*".[4] Lo dijo de una manera en la que solo un amigo lo expresaría. Duro, pero no maleducado. Directo, pero no hiriente. En esencia, dijo:

"Puedes irte si quieres. Pero no estaré en un apuro. Dios me llamó para que sea su pastor. Ahora, puedo ser un pastor enfermo o un pastor herido, pero no soy un ex pastor. Puedes hacer lo que quieras, pero en lo que a mí respecta, yo sigo con el programa".

En el medio de ese furioso océano, Jeremías me arrojó una tabla. No era un bote salvavidas, cabe decir, ni tampoco estaba en tierra firme todavía. Era tan solo una tabla...una tabla a la que me aferré, una tabla que me mantuvo a flote hasta que llegó un bote salvavidas. Todavía tuve que mantenerme aferrado, pero era lo que necesitaba.

Supongo que era un reto, de un amigo al otro. Sea lo que fuese, me mantuvo vivo. Salvó mi ministerio. Me dio las fuerzas que me hacían falta. A pesar de que Jeremías pasó por muchas más cosas que yo, jamás tomó mi lucha como algo de menor importancia o insignificante. Como me senté con él muchas veces, tenía la relación que hacía falta para escuchar su consejo, su desafío, su amor por luchar por pastores como yo.

Y me pregunto: ¿cuánta gente se siente cansada, fastidiada y lista para juntar todo y retirarse? ¿Cuántos, como yo, han dejado que el pesado tráfico que va y viene arruinara sus raíces? Cuando hacemos esto, corremos el peligro de estrellarnos contra el suelo.

Lo que me salvó de caer fue un cerco sagrado alrededor de mis raíces. No fue una ausencia de estrés o de desafíos. No fue la ausencia de problemas. Lo que me permitió mantener mi fundamento y me permitió seguir de pie fue un cerco sagrado.

¿Con qué clase de tráfico peatonal debe enfrentarse todos los días? Más del que se pueda imaginar. Algunos sufrimos la pesadez y el cansancio de largos viajes al trabajo, todos los días. Vivimos contestando interminables mensajes de correo electrónico, llamadas telefónicas, mensajes de texto y los pitidos del *Blackberry. Ruido. Charlas. Tráfico. Multitudes. Políticos. La radio. Las cuentas. La televisión. El perro del vecino. Preocupaciones. Responsabilidades. Caminos sin salida. Tareas que no terminan nunca. Las exigencias de los hijos. Las heridas en nuestras relaciones.*

El tráfico que va y viene nos desgasta. La mayoría de estas cosas no se pueden evitar, y de todas formas esta no sería realmente la solución. Lo que debemos hacer es proteger nuestra parte más importante... esa parte profunda del alma que nos conecta con nuestro Creador.

Quiero presentarle un desafío: desarrollar un hábito de por vida que cubrirá el contorno de las raíces de su alma. No puede permitirse la negativa a esto, porque, como pregunta David: *"Cuando los fundamentos son destruidos, ¿qué le queda al justo?"*.[5]

Necesitamos escuchar y considerar esta importante lección de vida. ¿Y quién sabrá mejor que nadie sobre el fundamento, el cimiento de la vida humana, que el mismísimo Arquitecto y Constructor?

UNA COSA

Jesús habla de cómo proteger los sistemas de raíces de la vida, en Lucas 10:38-42.

> Mientras iba de camino con sus discípulos, Jesús entró en una aldea, y una mujer llamada Marta lo recibió en su casa. Tenía ella una hermana llamada María que, sentada a los pies del Señor, escuchaba lo que él decía. Marta, por su parte, se sentía abrumada porque tenía mucho que hacer. Así que se acercó a él y le dijo:
>
> —Señor, ¿no te importa que mi hermana me haya dejado sirviendo sola? ¡Dile que me ayude!
>
> —Marta, Marta —le contestó Jesús—, estás inquieta y preocupada por muchas cosas, pero sólo una es necesaria. María ha escogido la mejor, y nadie se la quitará.

Las dos hermanas amaban de forma incondicional a Jesús. Imagínese cómo se preocuparon de que todo estuviera en orden en la casa para la llegada del invitado. Este no era un visitante común. María y Marta, lo reconocían como el largamente esperado Mesías de Israel y el mismísimo Hijo de Dios.

Antes de que se dieran cuenta, ahí estaba Él, acercándose a paso de hombre, entrando por la puerta y extendiendo sus brazos para abrazarlas. En ese momento, María abandonó todas sus actividades y preparaciones, puso su juego de platos en la mesa y se sentó lo más cerca posible de los pies de Jesús. Las tareas de la casa podían esperar. La cena podía esperar. Solo tenía ojos para Él. Solo tenía oídos para escuchar cada palabra suya.

Sin embargo, Marta sintió que todavía faltaba terminar con algunos quehaceres, así que continuó con sus labores, afanada por acabar. Era un tornado de multitareas que se movía a la velocidad del viento, lavando los platos, limpiando la grasa, horneando pan. Su agitación se intensificó al ver a su hermana, inmóvil. ¿Cómo podría ella sola terminar de hacer las tareas de la casa? Finalmente su volcánica frustración entró en erupción. Marta interrumpió la enseñanza de Jesús con un exasperado: *"Señor, ¿no te importa que mi hermana me haya dejado sirviendo sola? ¡Dile que me ayude!"*.[6]

Lucas describe a Marta como *distraída* con sus preparativos, utilizando una palabra que literalmente significa "tironeada entre una tarea y la otra". Todos pasamos por eso, ¿no es así? Apresurados para hacer una cosa, luego otra y luego otra, hasta que comenzamos a sentirnos como muñecas de trapo.

Jesús le dijo a su amiga: "Marta, estas muy preocupada por hacer muchas cosas. Muy preocupada y distraída". Y luego dijo algo realmente revolucionario: "Se necesitan pocas cosas, o una sola. *María ha escogido la mejor, y nadie se la quitará"*.[7] Lo que María había elegido, su decisión de cultivar su relación con Jesús por sobre todas las cosas, nunca nadie se lo quitaría por el resto de su vida. Por toda la eternidad.

Un cerco sagrado. Es algo que usted elige.

CUIDE SU CORAZÓN

Las decisiones que tome con respecto a los fundamentos de su vida tienen implicancias eternas que van más allá de lo que respecta a su vida terrenal. Como Pablo le expresó a su joven amigo pastor Timoteo: *"pues aunque el ejercicio físico trae algún provecho, la piedad es útil para todo, ya que incluye una promesa no sólo para la vida presente sino también para la venidera"*.[8]

Podemos criticar a Marta por llegar a sentirse frustrada en la cocina, mientras su hermana estaba sentada en la sala, escuchando. Pero ¿qué tan diferentes somos con respecto a ella? Somos Marta y *también* María. Siempre habrá tareas que compiten por nuestro tiempo. Siempre habrá incendios por apagar. Aun así, dentro de nosotros siempre habrá el anhelo de tener tiempo para sentarnos a sus pies.

Jesús dice que cuando quitamos todo excepto lo más importante de nuestras vidas, cuando pensamos en términos de tiempo y eternidad, no hay mucho que sea realmente importante. En realidad, dice que solo es esencial una cosa.

¿Elegiremos pasar tiempo a solas y en silencio con el Señor? ¿O permitiremos que las presiones de la vida nos enloquezcan? ¿Construiremos un cerco sagrado alrededor de nuestras raíces, o permitiremos que el frenético tráfico que va y viene erosione nuestras raíces espirituales y nos induzca a colisionar contra la tierra?

María tomó su decisión, y nosotros también debemos tomarla.

Salomón escribió: *"Por sobre todas las cosas cuida tu corazón, porque de él mana la vida"*.[9] Él también nos recomienda con énfasis que construyamos un cerco sagrado alrededor de los ríos principales de nuestra vida, que cuidemos y protejamos ese manantial que nos nutre y nos da fuerzas para, prácticamente, todo lo que hagamos.

¿Cómo se hace esto, exactamente? Le prometo una cosa: si usted desarrolla un programa de autoabastecimiento, de alimentación a partir de La Biblia y se permite ser diariamente guiado por el Espíritu Santo de Dios, su vida sufrirá un cambio sin precedentes, para mejor.

Proteger y cultivar su sistema de raíces espiritual no es una pastilla que se traga y que mejorará automáticamente su economía, su salud y su familia. Pero le brindará un acceso completo a un Dios todopoderoso y que todo lo sabe, que caminará personalmente con usted paso a paso. Se embarcará en una aventura que reunirá mentores de todos los tiempos que pueden mejorar su economía, su matrimonio, su ministerio y su futuro.

Si elige lo mismo que María, encontrará entonces la recompensa de María.

NO TIENE LO QUE
HACE FALTA

"Tus estatutos son mi deleite; son también mis consejeros".[1]

Yo no tenía lo que hacía falta, y lo sabía. Pero ¿qué se supone que debía hacer?

Al llegar a mi primera posición como pastor principal a los treinta y un años, me encontré a cargo de una modesta iglesia en un pequeño pueblo de la isla hawaiana situada más al sur.

Trabajé y estudié con todo el afán que pude e hice mi mejor esfuerzo, pero luego de seis meses de predicación, me convencí de que ya había utilizado y agotado de arriba abajo todos los mensajes que La Biblia me presentaba. Simplemente no sabía qué más decir. A pesar de mi frustración, seguí estudiando semana tras semana… y una y otra vez llegué al mismo punto, un punto sin salida.

Sabía que si no conseguía una salida pronto, me autodestruiría.

Traté de conseguir ayuda, y tal vez alguien que me sirviera de mentor, llamando a otros pastores, pero sus ocupados horarios parecían no poder acomodarse a mis necesidades. Una tarde, con la primera brisa fresca, dejé mi oficina y emprendí una caminata por el barrio. Al acercarme a un edifico histórico, caí en la cuenta de que esta era la antigua iglesia misionera de uno de mis héroes ministeriales.

En 1837 Dios utilizó a un hombre llamado Titus Coan para traer a Hawái un gran reavivamiento. Coan amaba tanto a esta gente de piel tostada que, en un lapso de tres semanas de liderar la iglesia, predicó su primer sermón ¡en idioma hawaiano!

Era tal el asombro de los isleños ante el deseo de este hombre de acercarse a ellos, que comenzaron a llegar en multitud. El silencioso pueblo de diez mil habitantes creció hasta llegar a los veinticinco mil en los años subsiguiente, mientras los nativos se movilizaban desde muy lejos del distrito de la Gran Isla para escuchar las predicaciones de Titus Coan en su propio idioma.

Cuando se acercaba el final de su vida de misionero, Coan escribió una autobiografía que contenía relatos de sus actividades y sus logros. El pastor Titus detallaba tanto sus fracasos como sus éxitos, cosas que no debería haber hecho, pero que de todas formas hizo, y cosas que debería haber hecho y no hizo. Escribió de cómo Dios lo alentó, aun en los momentos de tristeza, y lo corrigió cuando iba por el camino equivocado.

Su libro *Life in Hawaii* (La vida en Hawái) indica como fecha de derechos de autor el año 1882, y para el momento en que llegué a Hilo, ya se había dejado de imprimir hacía muchos años. Con las esperanzas de encontrar una vieja copia, visité el Museo Lyman. Al encontrar lo que tanto ansiaba, sentí una gran satisfacción.

–¿Tiene una copia de *Life in Hawaii*, escrito por Titus Coan? –le pregunté a la curadora del museo. Se veía tan vieja como el libro.

–Sí –contestó con una voz lacónica–. ¿Y para qué lo necesita?

–Solo quiero leerlo –contesté–. Soy pastor aquí y me han dicho que es un libro muy bueno.

Me miró de arriba abajo, titubeó, luego con un resoplido me dijo que la única copia que la biblioteca tenía era muy vieja y frágil. Solo aquellos que tenían una dispensa podían entrar a "Los Archivos", la sagrada cámara donde ella guardaba el libro. No le estaba permitido a nadie sacar el libro de la biblioteca o siquiera fotocopiar *Life in Hawaii*.

Como estaba tan desesperadamente ansioso por poner mis manos sobre ese libro, accedí a sentarme a escuchar las instrucciones sobre cómo manejarme con ese tesoro literario. Esta antigua guardiana de Los Archivos me hizo sentir como si hubiera estado en la iniciación de una sociedad secreta.

UN MENTOR EN LOS ARCHIVOS

Luego de entregarle mi licencia de conductor, mi acta de nacimiento y todos mis bienes terrenales, la acompañé hacia la venerada cámara. Así que esto eran Los Archivos. Miré alrededor de mí –el entorno de la polvorienta y mal iluminada habitación– y observé estantes y más estantes repletos de tomos raros, cada uno envuelto individualmente en papel para evitar que se estropearan. Localizó mi libro en el tercer estante y, con el meticuloso cuidado que tomaría un arqueólogo para desenterrar el Santo Grial, lo ubicó en una mesa maciza de *koa* (una madera hawaiana de color rojo).

Sus manos temblaban mientras desenvolvía laboriosamente el libro y ponía su cobertura marrón prolijamente doblada sobre una superficie limpia y preparada para la situación.

–Ahora, al leerlo, sea muy cuidadoso al pasar las hojas –me instruyó.

–Está bien, no hay problema –contesté. (Realmente había entendido el programa de capacitación).

Mis manos se acercaron al libro, y lo abrí sobre la oscura mesa de madera, rica en vetas. A todo esto la encargada del museo se mantuvo firmemente parada detrás de mí. Después de un rato bastante incómodo agregó:

–Por cierto, *no fotocopie esto* –me amonestó, enfatizando cada palabra–. Fotocopiarlo dañaría las páginas. Si debe copiar algo, deberá traer su propio cuaderno y copiar a mano con una lapicera.

–Correcto –exclamé–, no sacar fotocopias. Y que Dios la bendiga.

Sin emitir otra palabra, nos dejó a solas… al viejo Titus Coan y al joven Wayne Cordeiro. Sentados frente a frente, Titus conversó conmigo a través de las frágiles y amarillas páginas.

Durante los meses siguientes, me asombraba que este veterano pionero estuviera siempre a mi disposición. Yo tenía preguntas, él tenía respuestas. Yo necesitaba instrucción, él tenía la experiencia. Yo necesitaba aliento fresco, y él me lo suministró a lo largo de los años.

Repetí esta ceremonia dos o tres veces por semana, y finalmente la guardiana del museo y yo nos hicimos buenos amigos. Ella sabía que yo iría, y me esperaba. Para mucha gente, Los Archivos no habrían sido más que la cámara del fondo del museo. Pero para mí podía ser un Starbucks[1] donde el pastor Titus y yo manteníamos largas conversaciones acompañadas de tazas y tazas de café. Semana tras semana, como un antiguo hebreo escribiría laboriosamente la copia de la Torá, copiaba palabra por palabra los contenidos de *Life in Hawaii*. Finalmente me encontré con que había llenado seis cuadernos.

¡Qué tesoro! Estaba escrito con mi propia letra, pero era su corazón. Cada página del original traía a la vida memorables experiencias, desafortunados pasos en falso y lecciones que no tienen precio. Coan confesaba

---

1. N. del E.: famosa cadena de cafés estadounidenses.

equivocaciones que cometió porque no conocía la cultura de los hawaianos, y luego describía cómo Dios le había enseñado y cómo los resolvía para nunca volver a cometer los mismos errores.

Como una herencia esperada por mucho tiempo, las gemas de la sabiduría de la vida de Titus Coan se derramaron desde su maravilloso libro para llenar el arcón de mi ministerio. Se convirtió en mi maestro, un antiguo marinero que me instruía cómo navegar los mares del servicio. Sus silenciosas lecciones comenzaron a moldear y formar mis pensamientos y mi filosofía, permitiéndome evitar muchos de los peligros que le esperan a todo viajero joven que intenta lanzarse hacia las desconocidas experiencias del ministerio. Es casi imposible transmitir lo preciado que se ha vuelto este libro para mí.

Muchas veces me alejé del cálido rayo del sol y de las frescas brisas para sentarme en esta habitación mal ventilada con un hombre al que jamás conoceré personalmente en esta vida, pero que se ha convertido en un querido amigo mío. Titus Coan, un guerrero de primera línea de una época ya pasada, era un mentor sumamente paciente. Me dio todo el tiempo que necesité, entrenándome y disciplinándome gradualmente, sonriendo a un joven pastor que quería amar y servir al pueblo hawaiano tal cual lo había hecho él.

Sin necesidad de exagerar, creo que probablemente me ha salvado de veinticinco años de sufrimiento en mi ministerio. Al leer su libro, absorbiendo el contenido de cada página por los poros de mi corazón, *obtuve su sabiduría sin la necesidad de tener que atravesar las mismas experiencias que lo lastimaron a él.*

RECOGER SABIDURÍA

Como joven pastor, debo admitir que no tenía lo que se necesitaba para ser líder y pastor del pueblo de Dios. Cuando comencé, puede ser que haya tenido el entusiasmo y hasta el llamado. Sin embargo, la misma naturaleza del trabajo me llevó a darme cuenta de que, por mis propios medios, no podría terminar la carrera. Necesitaba ayuda de alguien más, y la encontré en el cálido consejo de Titus Coan.

Desde ese momento entré en razón de que no solo los jóvenes pastores necesitan ayuda. ¡Ninguno de nosotros tenemos lo que se necesita cuando comenzamos!

¿Y qué es lo que debemos recoger a lo largo del camino? *Sabiduría.*

No tenemos la sabiduría necesaria para ser el pastor, la madre, el padre, el esposo, el maestro o el líder que esta generación necesita de manera tan urgente. No tenemos lo que hace falta para conectar todos los puntos que nos permitirían abarcar todas las promesas que Dios nos ha dado, promesas potentes en las que podemos encaminarnos y vernos totalmente completos en nuestras vidas. Podemos tener sueños y visiones, pero no tenemos la sabiduría necesaria para navegar los altibajos con los que ciertamente nos encontraremos. Podemos haber sido privilegiados con el ofrecimiento de una posición de ministerio, pero no tenemos la sabiduría necesaria para realizar todo lo que ese rol requiere de nosotros.

En su gracia, Dios nos da una medida de fe para que sigamos adelante, pero no es eso todo lo que necesitamos para terminar la carrera y no es ni la mitad de lo que hace falta para lograrlo. *Eso* es lo que tenemos que ir recogiendo mientras avanzamos. Dios diseñó la vida de esta manera para que nuestros corazones se mantengan de una forma que permite que sigamos aprendiendo y obedeciendo al corazón de Dios.

Nuestra escasez de sabiduría nos mantiene en la búsqueda de Dios y evita que nuestros corazones se vuelvan duros y ásperos. Nos mantiene humildes, maleables, corregibles, cambiantes y transformables, para que cada nuevo día podamos reflejar de manera creciente su imagen.

De hecho, este proceso de maduración implementado paso a paso es lo que comúnmente llamamos "una relación con Cristo". Nuestra relación con Jesús crece y se profundiza a medida que una sabiduría más grande y más rica se implanta y crece dentro de nosotros.

¿Cómo conseguimos, exactamente, este tipo de sabiduría?

Podemos elegir entre dos instructores muy diferentes.

LOS INSTRUCTORES DISPONIBLES

La vida nos ha dado dos maestros muy efectivos. Ambos son instructores de alto rango, pero ninguno de ellos nos sale barato. A pesar de que ambos son efectivos, los dos requieren algo de nosotros. Debemos elegir uno o el otro, y si no elegimos ninguno, el segundo será la elección por defecto.

Estos maestros son *Sabiduría* y *Consecuencias.*

Podemos aprender mucho de cada uno de estos maestros. Sin embargo, debo advertirle sobre la gran diferencia en sus estilos de instrucción.

Mientras Sabiduría nos sorprenderá y nos deleitará con sus lecciones, Consecuencias nos dejará sin aliento, y no será grato. La verdad es que Consecuencias es, *en gran medida*, el maestro más rudo de los dos.

Una cosa segura es que el costo y las lecciones de Consecuencias tienen un precio realmente elevado. Sí, nos enseñarán bien, eso se lo garantizo. Pero para el momento en que hayamos aprendido sus lecciones, su instrucción nos puede haber tomado años de nuestras vidas. Nos pueden haber costado nuestro matrimonio, nuestra familia, nuestro trabajo, nuestro ministerio y hasta tal vez nuestras vidas. Consecuencias tiene un gran costo colateral.

Cuando era un niño, ¿creyó alguna vez ser Superman o La Mujer Maravilla... y luego saltó desde una terraza o desde alguna altura para probarlo? No hace mucho, un amigo mío me comentó, recordando su niñez, cómo su hermano mayor lo había convencido de que era el Superniño. ¡Nada podía lastimarlo! De hecho, para probarlo su hermano lo había desafiado a caminar sobre unos tréboles blancos y a pisar descalzo la alfombra de flores sobre la que revoloteaban incontables abejas. Su hermano era muy convincente. Mi amigo con su piecito descalzo pisó una abeja. Dijo que no sabía qué fue lo que más le dolió, si el pinchazo del aguijón o darse cuenta de que había sido engañado.

Después de todo, era vulnerable.

Cada uno de nosotros ha aprendido algo de experiencias personales que nos hicieron un poco más sabios. Pero esas lecciones –aprendidas a través de Consecuencias– nos causan un gran sufrimiento y mucho dolor, y a veces son mucho, pero mucho más dolorosas que la picadura de una abeja.

Supongamos que corre a toda velocidad contra una pared, se estrella, se rompe la nariz. ¿Qué aprendió?

Pared dura, nariz blanda; pared gana, nariz pierde.

¡Bien! ahora es más sabio. ¿Cuál es la lección?

No corra hacia las paredes porque no se moverán a medida que usted avance.

Felicitaciones. Cosechó una perla de sabiduría a partir de una experiencia personal, la cual incluía sufrimiento y dolor.

Así que tiene su perla. Es algo grato. Es valioso. Pero es tan solo *una* perla... *una* pepita de oro, *una* pieza de ajedrez, *un* pedazo de tesoro.

Para convertirse en el esposo o esposa, el maestro o líder que usted quiere ser –aquello para lo que fue creado usted–, necesitará una bolsa llena de estas gemas.

De otra forma, ¿cómo sabrá navegar, negociando su camino por las vueltas y los giros de la vida? Para llegar adonde usted quiere, necesitará de mucha más sabiduría de la que ha ganado en su desafortunada experiencia con la pared.

La verdad es que su esqueleto no tiene la cantidad de huesos que se necesitarían romper para ganar la sabiduría que necesita para triunfar en estos difíciles días. Para recoger la sabiduría necesaria para ser el padre o la madre, o el empleador o el empleado que quiere... realmente no tiene la cantidad suficiente de narices para romperse.

Pero *claro que aprenderá* en el camino de Consecuencias.

Hasta aprenderá algunas cosas sobre Dios, tal como lo hizo el salmista:

Antes de sufrir anduve descarriado, pero ahora obedezco tu palabra (...)
Me hizo bien haber sido afligido, porque así llegué a conocer tus decretos".[2]

Si, por decirlo así, pudiese visitar a todo aquel que ahora está leyendo este libro y aprender de su sabiduría obtenida a través del sufrimiento *sin tener* la necesidad de romperme la nariz ni nada por el estilo, entonces, ¿no sería yo un hombre muy rico? Tendría más sabiduría de la que los años me permitieran. Tendría entendimiento más allá de mis propias experiencias, más aún de la que podría haber obtenido por mí mismo.

De hecho, tendría la sabiduría de los años.

Ese es el salón de aprendizaje al cual lo invita a entrar Sabiduría.

EN LA ESCUELA DE SABIDURÍA

Si Consecuencias tienen un costo de daños colaterales, Sabiduría tiene un costo totalmente opuesto a este. Requiere disciplina, obediencia, consistencia y sobre todas las cosas, tiempo. Luego, de manera amable, verterá sobre usted sus prometidas y abundantes riquezas.

¿Quiere saber la mayor diferencia entre Consecuencias y Sabiduría? Sabiduría le enseña las lecciones *antes* de que cometa el error. Por otro lado, Consecuencias exigen que primero cometa el error. Recién entonces le enseñará su lección. Sabiduría pone la cerca *en el borde* del acantilado; Consecuencias lo visita en el hospital cuando está en recuperación... luego de sacarlo del fondo del abismo. Salomón lo describe así: *"El prudente ve el peligro y lo evita; el inexperto sigue adelante y sufre las consecuencias".*[3]

Eso, en una palabra, es la diferencia entre Sabiduría y Consecuencias. ¿Por qué no cosechar sabiduría de las experiencias de otros? Permita que ellos den testimonio lo que han aprendido. De esta manera, cuando oiga sobre cómo un amigo corrió a toda velocidad hacia una pared, se estrelló, y se rompió la nariz y destrozó sus anteojos, podrá escuchar y aprender cuando diga: "¡Ah!, Pared dura, nariz blanda; los anteojos y la nariz se rompen".

Al escuchar se ahorrará de todas las cuentas del oculista y de todos los huesos rotos. Al aprender, de a una lección a la vez, obtendrá un poco de sabiduría de su experiencia y *no tendrá que sufrir de la misma forma en que lo hizo él para aprender la misma lección*.

Cuando alguien se pare detrás de un podio y da testimonio de su fallido matrimonio o de su vida arruinada, o sobre lo que hizo mal y cómo Dios lo resolvió, aprenda de esa experiencia. Esta es la razón por la que La Biblia expresa: *"La ley del Señor es perfecta: infunde nuevo aliento. El mandato del Señor es digno de confianza: da sabiduría al sencillo"*.[4] Si nos negamos a aprender, seremos personas completamente bobas. Ingenuos. Inocentes. Hasta La Palabra de Dios nos llamaría tontos.

Una persona sabia ve las consecuencias en el futuro y hace un cambio antes de estrellarse contra la pared. Una persona tonta correría directamente hasta estrellarse. Lo tendrá que experimentar en carne propia antes de poder aprenderlo. Y si esa es la manera en la que vivimos, no podremos cosechar la sabiduría necesaria para avanzar de manera exitosa en la "carrera de nuestras vidas".

Si ha de ser la persona o el líder que necesita ser en el siglo xxi, debe encontrar la forma de aprender de las experiencias de los otros. Necesitamos desesperadamente personas que tengan sabiduría más allá de sus años de vida, ¡sabiduría más allá de sus propias experiencias!

En este libro, lo que quiero ofrecerle es lo que tal vez sea la cosa más simple, pero al mismo tiempo la más importante del mundo. Si recoge estos principios de vida y los pone en práctica, se ahorrará décadas de tiempo y recursos desperdiciados.

No estoy vendiéndole nada y no estoy exagerando, se lo aseguro.

La practica esencial que describiré en las páginas que siguen le abrirá los ojos por completo para lograr obtener la mayor sabiduría posible, que necesita para que evite estrellarse contra paredes de ladrillo... y le enseñará las puertas secretas por las que puede atravesarlas.

DOS DOLORES

Así como hay dos maestros en la vida, también hay dos dolores. Ambos pueden causar sufrimiento, pero uno lo empuja hacia adelante, mientras el otro lo retrasará.

Ambos dolores tienen nombre. Son *Disciplina* y *Remordimiento*.

El apóstol Pablo se explayó sobre esta diferencia crucial en su segunda carta dirigida a un grupo de inmaduros amigos cristianos. La primera carta les causó un gran dolor emocional, casi tan grande como si sus palabras los hubieran despellejado completamente.

> Si bien los entristecí con mi carta, no me pesa. Es verdad que antes me pesó, porque me di cuenta de que por un tiempo mi carta los había entristecido. Sin embargo, ahora me alegro, no porque se hayan entristecido sino porque su tristeza los llevó al arrepentimiento. Ustedes se entristecieron tal como Dios lo quiere, de modo que nosotros de ninguna manera los hemos perjudicado. La tristeza que proviene de Dios produce el arrepentimiento que lleva a la salvación, de la cual no hay que arrepentirse, mientras que la tristeza del mundo produce la muerte.[5]

El tipo de sabiduría que La Biblia nos ofrece requiere disciplina para extraerlo; una vez más, la disciplina puede causarnos dolor. Pasar tiempo en La Biblia no siempre es conveniente o cómodo, ni tampoco nos brinda siempre beneficios inmediatos u obvios. Algunos días puede hasta sentirse como un lastre. Otros días puede llegarle a parecer lo último que desearía hacer. Algunas mañanas, arrastrarse a uno mismo y obligarse a sentarse con una Biblia abierta puede producirle la misma sensación que meterse en una ducha fría o nadar contra la corriente.

¿Cuál es la alternativa? Simplemente le recordaré esto: el dolor de la disciplina tiene un costo mucho menor al dolor del remordimiento. Ni siquiera se le acerca un poco.

Si el dolor de la disciplina nos ayuda a recoger sabiduría de otros –hombres y mujeres que han atravesado grandes remordimientos– entonces, ¿no vale la pena el dolor de la disciplina?

En 1 Corintios, Pablo recuerda la experiencia de algunos antiguos hebreos de los tiempos de Moisés:

Ni murmuren contra Dios, como lo hicieron algunos y sucumbieron a manos del ángel destructor. Todo eso les sucedió para servir de ejemplo, y quedó escrito para advertencia nuestra, pues a nosotros nos ha llegado el fin de los tiempos.[6]

Es como si Pablo estuviera diciendo a sus amigos: "Miren, parecen estar en el peligro de enfilar hacia el mismo camino que destruyó a sus ancestros. ¿No recuerdan que viajar por ese camino les traerá remordimiento y muerte? Aquí es donde deben elegir: o aprenden de su dolor y regresan al camino correcto, o siguen sus pasos y terminan del mismo modo que ellos".

Santiago lo expresa más claramente. Nos cuenta que podemos obtener sabiduría de dos fuentes principales ¡y que no queremos que sea la primera! Inicialmente habla de una sabiduría que viene de abajo: sabiduría de la calle.

Ésa no es la sabiduría que desciende del cielo, sino que es terrenal, puramente humana y diabólica. Porque donde hay envidias y rivalidades, también hay confusión y toda clase de acciones malvadas.[7]

A la larga ese tipo de sabiduría no lo llevará a ningún lado, sino que le traerá océanos de reproches. En lugar de esto, elija la alternativa:

La sabiduría que desciende del cielo es ante todo pura, y además pacífica, bondadosa, dócil, llena de compasión y de buenos frutos, imparcial y sincera.[8]

Si usted y yo no nos formamos un mapa de sabiduría divina para encaminar nuestro rumbo por la estación de la vida en la que estamos, pasaremos de largo esta estación y saldremos del otro lado, donde al final no encontraremos más que una tierra marrón y seca, un paisaje árido. No será una estación de buenos frutos. Hasta se puede sentir que hemos perdido el tiempo.

Tal vez no sea lo suficientemente mayor para este ejercicio, pero algunos podemos mirar hacia atrás, hacia alguna década en particular y preguntarnos: *¿Qué me sucedió en esos años? ¿Qué provecho saqué de mis épocas de veinteañero? ¿En qué estaba pensando durante mis treinta y tantos? ¿Cuándo fue que tomé el giro equivocado en mi época de los cuarenta?* Al contar solo con unas siete u ocho décadas de vida en esta tierra, cada una de ellas es inconmensurablemente preciosa. No querrá llegar al final de un trecho de diez años y darse cuenta de que estaba totalmente fuera de foco o de que malgastó su tiempo.

Eso no nos sucederá a nosotros… si recolectamos la sabiduría que Dios nos ofrece con su Palabra divina. Armados con la eterna y afilada verdad, comenzaremos a negociar los giros y las vueltas de la vida, a navegar correctamente y a mantener nuestro curso.

¿CUÁL ES EL PRECIO?

Comencé este capítulo con una historia sobre Titus Coan, el héroe de mi ministerio, quien sirvió en Hawái a comienzos del siglo XIX. A pesar de que este hombre vivió unos ciento treinta años antes de que yo naciera, al estar ante su presencia, el tiempo que nos separaba simplemente se esfumó.

Durante su estadía en la tierra y su ministerio en Hawái, lo que intentaba era enseñar y ser pastor de seres humanos débiles, al igual que yo. Buscaba mantener su vida en equilibrio y mantener su caminata con Dios fresca, al igual que yo. Cometió errores grandes, al igual que yo. Mis errores eran grandes.

Pero el punto es (y no puedo insistir lo suficiente en esto), que no repetí sus mismos errores. No tuve que vadear para salir del pantano de sus errores. No tuve que utilizar el tiempo ni sufrir hasta el llanto para aprender las lecciones que él aprendió.

¿Por qué? ¡Porque él las había atravesado antes que yo! Me advirtió sobre las dificultades en las que fácilmente podría haber caído de no haber sido aconsejado por él. Otra vez, me ahorró incontables años de sufrimiento en mi ministerio. Como relaté antes, al absorber sus palabras, obtuve su sabiduría sin tener que pasar por las experiencias que lo lastimaron a él.

De hecho, su libro era tan preciado para mí que cuando dejé Hilo, la encargada del museo Lyman localizó otra copia y me la regaló, junto con un artículo de periódico que subrayaba el legado de Titus Coan, al igual que su obituario. Recuerdo haber mirando ese libro con lágrimas en mis ojos, mientras decía: "¿Por qué has tardado tanto tiempo? ¿Y que hago ahora con todos los apuntes que saqué del otro libro?". ¿Cuánto hubiese pagado yo por un libro como este? Con gusto hubiese pagado mil dólares.

Pero vamos a especular juntos por un momento...

¿Qué hubiese pasado si mi viaje a Los Archivos resultaba en encontrarme con no solo uno, sino docenas de libros como este, de los cuales cada uno ofreciera lecciones y entendimiento del pasado que pudieran ahorrarme años de dolorosas consecuencias? ¿Cuál sería el precio de esto? Si pudiera conseguir a otros hombres y mujeres de la historia que escribieran sus errores y éxitos para mí, pagaría con gusto y sin dudarlo treinta mil dólares. Sería una ganga. ¡Un robo!

Haría esto porque sé que me ahorraría una vida entera de sufrimiento. Podría adquirir la sabiduría de los años, más allá de mi propio tiempo de vida. Eso merecería, sin dudarlo, los treinta mil dólares.

¡Pero considere la gracia de nuestro Dios! Tomó aproximadamente a cuatrocientas de sus mejores personas y expuso sus historias crudas y sin editar en una gran biblioteca. Recogió sesenta y seis de estos libros. Libros sobre hombres y mujeres, reyes y esclavos, soldados y profetas, amas de casa y prostitutas, pescadores y diplomáticos, y los ubicó uno por uno. La Biblia los registra a todos, tanto en las partes buenas como las malas.

¿Por qué Dios empaquetó todos estos crudos acontecimientos en una biblioteca (una *biblos* o Biblia) por el resto de la eternidad? Porque es para nosotros. ¿Recuerda lo que dijo Pablo en 1 Corintios 10:11?: *"Todo eso les sucedió para servir de ejemplo, y quedó escrito para advertencia nuestra, pues a nosotros nos ha llegado el fin de los tiempos".* Dios hizo que estas historias fueran escritas para que a través de ellas podamos obtener la sabiduría de los años. No tenemos que cometer los mismos errores que Jacob, Esaú o Saúl. *Dios lo escribió todo para nosotros.* Nos ofrece la sabiduría de los años en sesenta y seis libros. Pero no debe gastar treinta mil dólares para conseguirlo. Ni siquiera tiene que gastar mil dólares. Puede adquirirlos todos en su librería local por diez dólares o aún menos que eso. Pregunte tan solo dónde tienen ubicadas las Biblias.

VIDA Y LEGADO

Supongamos que encontré una copia de *Life in Hawaii*, con las puntas ya gastadas de tanto leerlo y con la tapa vieja y usada, a un dólar cincuenta en una librería en alguna calle del centro. Digamos que lo arrojé al asiento trasero de mi auto con la intención de hojearlo algún día de estos. Digamos que de alguna forma logró la entrada a mi casa, donde lo ubiqué en el último estante de mi biblioteca, junto a viejos atlas y esas revistas viejas del *National Geographic*.

¿Tendría menos valor este libro? ¿Contendría menos potencial para transformar mi ministerio y salvarme de años de energía malgastada y de varias penas? ¡Creo que cada día deberíamos asombrarnos y deslumbrarnos de lo invalorable que es este libro llamado La Biblia! Dios no solo marcó estos sesenta y seis libros, sino que también respiró su aliento sobre la biblioteca entera y nos dijo: "Si leen esto, los dejaré sentarse junto a Jacob. Los dejaré caminar a través del desierto con Moisés. Y la misma sabiduría que supe darle a Moisés se las entregaré a ustedes… todo esto si tan solo guardan en su corazón las palabras aquí escritas".

Pueden caminar con Esaú y preguntarle por qué vendió su primogenitura. Pueden sentarse en compañía de David junto al fuego y preguntarle cómo se sintió cuando Absalón se volvió en su contra o cuando lo enfrentó Natán. Todo esto está aquí. La Biblia es el libro de sabiduría más grandioso de todo el universo. Por eso el Salmo 119 declara: *"Tus mandamientos me hacen más sabio que mis enemigos porque me pertenecen para siempre. Tengo más discernimiento que todos mis maestros porque medito en tus estatutos".*[9]

Los hombres y las mujeres a los que Dios destaca en su libro continúan dando su divino testimonio a través de los años. Nos dicen: "Esto es lo que hice de modo incorrecto. Aquí fue donde di un mal giro. Aquí es donde lo hice mejor. Aquí es donde complací el amado corazón del Padre Todopoderoso".

¡Tome esas enseñanzas, ese entendimiento dador de vida y asegúrelo en su corazón! No necesita romperse la nariz y estrellar sus sueños y destrozar su futuro, aunque algunos lo hayan hecho. Puede usar el ejemplo y el consejo que le ofrecen para encontrar un camino mejor para usted y sus seres queridos. Los hombres y las mujeres de La Palabra de Dios le han dejado un legado de destrezas para la vida. Este legado es suyo para que usted lo tome. ¿Recuerda cómo yo día tras día frecuentaba esa habitación del fondo del museo, pasando incontables horas copiando y apoderándome de las experiencias y los elementos de comprensión de Titus Coan? Como joven, pagué un precio para recoger la sabiduría de ese buen hombre. ¡Ah!, pero ¿cómo podría yo ponerle precio a lo que *recibí*? Ha dado forma al resto de mi vida y a mi ministerio desde entonces hasta el día de hoy.

De todas maneras, no importa de cuánta ayuda me han sido las memorias de Titus Coan, nunca podrán compararse con el potente entendimiento que da la eterna Palabra de Dios. Usted y yo necesitamos recurrir a ese libro y buscar estas verdades de la vida con todo nuestro corazón.

Si lo desea, La Biblia le dará sabiduría más allá de los años. Lo salvará de grandes dolores internos más allá de su imaginación.

CAPÍTULO 3

EL PROGRAMA DE AUTOALIMENTACIÓN

"Al encontrarme con tus palabras, yo las devoraba; ellas eran mi gozo y la alegría de mi corazón, porque yo llevo tu nombre, Señor, Dios Todopoderoso".[1]

E l hosco miembro de personal entró a mi oficina diciendo: "Creo que se ha terminado mi tiempo aquí".

Yo había escuchado antes esas palabras de parte de otros. Durante muchos años como pastor, he dado la bienvenida a personas que llegaban y también he pronunciado palabras de despedida. Para algunos era una parte normal de crecer y madurar, pero este en particular me dejó confundido. Había estado con nosotros por cuatro años. Le pregunté:

–¿Hay alguna razón por la que creas que tu momento aquí ha terminado?

–Bueno… –comenzó titubeando–, es solo que aquí no estoy siendo alimentado, no me nutro.

Odio esas palabras. No porque esté inseguro, sino porque la cultura de nuestra iglesia, New Hope, está diseñada para aliviar síntomas como estos. Durante los últimos diez años, hemos construido a conciencia una cultura que incluye un programa de autoalimentación para cada persona, empezando con nuestro personal.

La negligencia con respecto a esta responsabilidad abre las puertas a un tipo de codependencia, que requiere que otros asuman las responsabilidades que Dios tiene pensadas para cada quien. Lo desafié con esta imagen:

Imagina que un día mi esposa me ve demacrado y consumido. Mis ojos se ven como envueltos en una media gris, mi cuerpo es tan frágil que deja expuestos mis huesos, mi abdomen está distendido a causa del hambre.

Obviamente no he estado comiendo. Cuando me ve en estas condiciones, exclama:

—¡¿Qué es lo que te está sucediendo?!

Mi respuesta es:

—Aquí no estoy siendo alimentado.

Entonces, continuando con mi lamento digo:

—Nadie me está alimentando.

¿Cuál crees que sería su respuesta?

—¡Aliméntate a ti mismo!

Luego le pregunté al miembro del personal si estaba haciendo sus devocionales diarios. Mis palabras encontraron como respuesta una mirada vacía. Sabía que él había olvidado este componente esencial en la vida de un ministerio exitoso.

Acepté su renuncia.

Recuerdo el momento en el que me encontraba en la misma situación, afrontando las amenazantes consecuencias de un programa inexistente de autoalimentación. También recuerdo haber delegado esas responsabilidad en otros.

DARME CUENTA

Poco después de haberme convertido en cristiano, me encontré quejándome con Dios sobre la calidad del estilo académico de mi predicación en la iglesia, porque muy a menudo las cosas volaban a una altura demasiado elevada para mí, por lo que me era imposible alcanzarlas. Comencé con esta queja en el baño, luego de un servicio.

"¡Dios! —grité, deseando que no hubiera nadie más en el baño de hombres—. ¡En este lugar, me moriré de hambre! No me están alimentando. Me muero aquí, ¡estoy sufriendo de desnutrición!

No estoy seguro de si lo que escuché fue una risita proveniente del cubículo contiguo o una respuesta del cielo, pero recuerdo haber empezado a sentirme consciente de algo, mientras el Espíritu me hablaba desde las profundidades de mi angustioso ser.

¿Qué hay de MI? —pareció susurrar—. *¿Acaso no soy YO suficiente? ¿Por qué culpas a otros por tu falta de crecimiento? ¡Estás dependiendo de la alimentación de una vez a la semana, pero al ir creciendo deberás aprender a alimentarte por tu propia cuenta! Seré tu mentor.*

Mi problema no era la falta de recursos. Mi problema era que estaba esperando a que otro me diera de comer con la cuchara. Hasta ese momento, me había resistido al mejor programa de Dios y al Espíritu Santo, su maestro mejor calificado. Me estaba invitando a ser su alumno, pero me mantuve sin respuesta. Quería que otros hicieran lo que debía hacer por mí mismo: tomar la responsabilidad de mi propia salud espiritual y de mi nutrición.

Al comenzar a adentrarme en La Biblia por mí mismo, vi que el Salmo 32:8-9 dio justo en el centro de mi error:

El Señor dice: «Yo te instruiré, yo te mostraré el camino que debes seguir; yo te daré consejos y velaré por ti. No seas como el mulo o el caballo, que no tienen discernimiento, y cuyo brío hay que domar con brida y freno, para acercarlos a ti».

Tuve que aceptar la cruda verdad: yo era ese caballo. Yo era esa mula. No es para nada agradable tener que confesar algo como esto. Era momento de asumir la responsabilidad por mi propio futuro.

EL ÚLTIMO CINCO POR CIENTO

Detesto tener que darle esta mala noticia, pero aproximadamente el ochenta por ciento de las cosas que usted hace ¡las puede hacer cualquiera! Por ejemplo, ir al trabajo, presentarse a reuniones, chequear los mensajes de correo electrónico, contestar el teléfono, ir a encuentros de fútbol y cenas o almuerzos.

Además, un quince por ciento de todo lo que usted hace lo podría hacer otra persona con un poco de entrenamiento en esa área. Hay educación y capacitación disponibles para que alguien haga lo que usted hace. Ya sea vender algún producto, administrar un programa, dar clases o arreglar un problema.

Pero por lo menos *un cinco por ciento de lo que usted hace, solo usted lo puede hacer.* Nadie más puede hacerlo por usted. Solo yo puedo ser el marido de Ana, mi esposa. Solo yo puedo ser el padre de mis tres hijos. Solo yo puedo mantener sano mi cuerpo. *¡Y solo yo puedo crecer espiritualmente!* No hay nadie que pueda hacer el último cinco por ciento por mí. Solo yo soy responsable de estas cosas. Solo usted puede mantenerse espiritualmente sano al alimentarse a sí mismo. Nadie puede hacerlo por usted como si fuera su apoderado.

Con respecto a este último cinco por ciento, cada uno de nosotros tendremos que responder rindiendo cuentas en ese gran día final. Es el último cinco por ciento lo que determinará hasta qué punto hemos logrado influir en las generaciones que nos siguen. Es este último cinco por ciento lo que decidirá cuán dichoso será nuestro matrimonio y hasta qué punto será genuino nuestro legado.

Uno de los aspectos más importantes de este cinco por ciento es el siguiente: ¡nadie más puede sentarse ante el Señor para oír cuáles son sus instrucciones para usted! Las palabras de Jesús vuelven a hablarnos verdad, al dirigirse Él a usted y a mí: *"Marta, Marta –le contestó Jesús–, estás inquieta y preocupada por muchas cosas, pero sólo una es necesaria. María ha escogido la mejor, y nadie se la quitará"*.[2]

El último cinco por ciento... es algo que tendremos que descubrir y luego asumir la responsabilidad de ello.

- Solamente yo puedo ser esposo/esposa de mi cónyuge.
- Solamente yo puedo ser padre/madre de mis hijos.
- Solamente yo puedo fomentar mi propio crecimiento espiritual.
- Solamente yo puedo mantener mi salud en el mejor estado posible.
- Solamente yo puedo mantener mi propia disciplina.

Sé que necesitaré algo de ayuda con todo esto. Necesitaré que me enseñen. Necesitaré mentores. Mi gran desafío aún así es personal: *tengo que aplicar* lo que aprenda.

Así como solamente una cosa es necesaria, hay un solo lugar donde encontrar esta ayuda. Permítame presentarle a Alguien a quien se le ha dado la misión de asegurar nuestro fundamento... si se lo permitimos.

LA VERDAD NECESITA UNA GUÍA

En los inicios de mi andar como cristiano, cometí un error muy común. Quería que otras personas estudiaran mucho y se prepararan bien para que pudieran echar baldes de conocimiento sobre mi cerebro, que yo absorbería.

No me daba cuenta de que el conocimiento, e incluso el conocimiento bíblico, es como el sodio en su forma cruda. El sodio puede ser muy destructivo para el ser humano... hasta que se lo convierte en una forma más elevada: en cloruro de sodio o sal de mesa. De la misma manera, el conocimiento jamás es un fin en sí mismo. Necesita que se lo convierta en una forma más elevada: en sabiduría. Solo así nos será de utilidad y beneficio. A tal fin Dios nos envía el Espíritu Santo, quien *"nos guiará a toda verdad"*... porque la *verdad necesita una guía.*

> "Y yo le pediré al Padre, y él les dará otro Consolador para que los acompañe siempre: el Espíritu de verdad.3 (...) Pero cuando venga el Espíritu de la verdad, él los guiará a toda la verdad".[4]

Dios ha designado al Espíritu Santo como Guía para nosotros. La guía que depositará la sabiduría del mismo Dios en nuestras vidas.

¿Cómo funciona esto entonces? ¿Es que el Mentor Divino implanta información y entendimiento en nuestro subconsciente mientras dormimos? ¿O construye un acueducto dorado entre el cielo y nuestras almas, y luego abre las compuertas de la sabiduría para que esta fluya directamente hacia nuestras mentes?

No exactamente.

Recibimos revelación directa acerca de Dios y descubrimos sus maravillosas promesas en un solo lugar: La Biblia. El salmista clamó al Señor: *"... Porque has exaltado tu nombre y tu palabra por sobre todas las cosas".*[5] La Palabra de Dios, La Biblia, es de importancia crucial para nuestras vidas cotidianas. Y no piense que hablo de confuso conocimiento religioso. *Hablo de comida. Hablo de agua. Hablo del aire.*

Como pastor que ha trabajado con personas durante treinta y tres años, déjeme hablarle con franqueza: usted no va a sobrevivir sin la sabiduría y el entendimiento de Dios. He encontrado mucha gente que cree lo contrario y también fui testigo de su implosión. Obtenemos esta sabiduría tan importante solo cuando el Mentor Divino nos instruye a través de una interacción viva con La Palabra de Dios y con el entendimiento que en ella hay. Nuestra necesidad de esta guía se hace cada vez más vital a medida que nos acercamos al final de la historia, porque es entonces que hará estragos el engaño espiritual.

Pablo le advirtió a su joven discípulo Timoteo sobre un hecho asombroso que sobrevendrá en el final de los tiempos: ¡Habrá más profetas falsos que verdaderos! Pablo avisa que mucha gente en esos días tendrá una fuerte tendencia a estar *"siempre (...) aprendiendo, pero nunca logran conocer la verdad"*.[6] Sin la Guía, podemos aprender datos todo el día y sin embargo no acercarnos ni un centímetro a la verdad que marcará una diferencia en nuestras vidas. Pero con el Espíritu que nos imparte la sabiduría de Dios así como Él nos la revela a partir de su Palabra, el cuadro cambia por completo. Con el Señor como nuestro Mentor Divino, la sabiduría de los siglos se hace nuestra.

COMPAÑEROS DE VIAJE

¿Sabía usted que los atletas más prestigiosos siempre se apoyan en un entrenador? En términos de lo que es un "equipo", cada superestrella del deporte lleva consigo más que palos de golf, raquetas de tenis o calzado deportivo. Algunos preguntarán: "Pero ¿para qué necesitan un entrenador? ¡Si ya son los mejores del mundo!". Por eso son los mejores del mundo. No pueden llegar a ser y seguir siendo los mejores en lo que hacen hasta tanto no entiendan y apliquen la esencial verdad de que necesitan que alguien los entrene.

Esto vale también para cada uno de nosotros, y por eso Dios designó y asignó a algunos de los mejores mentores de la historia para nuestro beneficio. A veces nos hacen ser mejores. Y otras veces, solo tienen que ayudarnos a sobrevivir.

"Por la fe Abel ofreció a Dios un sacrificio más aceptable que el de Caín (...) Y por la fe Abel, a pesar de estar muerto, habla todavía".[7]

¿Cómo? ¿Abel habla? Este hombre existía en la época en que los seres humanos todavía podían ver a los ángeles con espadas de fuego cerrándoles el paso al Jardín del Edén. Este hombre llamaba "mamá y papá" a Adán y Eva. Fue el primero que murió en el planeta Tierra. Abel murió hace muchísimo tiempo, ¿verdad?

Sin embargo, La Biblia dice que Abel aún tiene algo para decirnos, a usted y a mí. Él tomará su lugar como mentor designado. Y lo mismo harán Noé, Abraham, Jacob, José, Elías, Nahum, Juan y Pedro. Y también Sara, Débora, Rut, Noemí, María, Marta, Dorcas y Priscila. Y tantísimos otros. Son hombres y mujeres que, aunque ya no hablan con voz humana aquí en la Tierra, están esperando para hablarle a usted, desde La Palabra viva de Dios.

Están esperando ser mentores suyos, para alentarlo y corregirlo como lo haría un buen entrenador con sus jugadores. A veces levantarán la voz si ven que se dirige usted a toda velocidad hacia un callejón sin salida. En otras ocasiones, se interpondrán en su camino, como el ángel con la espada que le impidió pasar a Balán y dijo: "No lo harás".

Cuando quiera girar a la izquierda en un callejón sin salida o ir de contramano en una calle de mano única, tal vez sean Jeremías, Ezequiel o David quienes lo exhorten o reprendan. No importa quién sea, ¡todos estos fenomenales mentores son excelente compañía!

Recuerdo que una vez yo protestaba en el campo de golf a causa de lo mal que estaba jugando. (Dios siempre parece responder a mis oraciones, excepto cuando tengo que darle a la pelotita). Estábamos jugando de a cuatro, pero no me había dado cuenta de que se nos había unido un quinto jugador en el hoyo catorce. Y mientras mis protestas aumentaban en decibeles, oí que Santiago susurraba: *"El hermano de condición humilde debe sentirse orgulloso de su alta dignidad"*.[8] Es decir: "Podría ser peor".

De inmediato reconocí la voz de alguien con quien había hablado esa mañana mientras tomábamos café. Recuerdo haber reído para mis adentros, susurrando: "¡Me ganaste!".

UNA MULTITUD DE MENTORES

A lo largo de mil quinientos años, Dios eligió a más de cuarenta hombres diferentes para que escribieran sus divinas palabras en un libro. Así como les dio a los ángeles la misión de ser espíritus que ministren, le dio al pueblo de su libro la misión de ser mentores, para guiarnos a usted y a mí.

No se me ocurre mejor mentor que Salomón para el hombre de negocios, quien llegó a gozar de un éxito increíble mientras todavía era joven. Tampoco puedo pensar en mejor mentor que Moisés para un pastor. Este gran líder fue pastor de una congregación formada no por miles ¡sino por millones de personas! Casi podemos caminar por el desierto con él y sentir el calor de la arena en los dedos de los pies. Y para un profesional, creo que el mejor mentor es Lucas, el médico. Para el educador, Pablo, y para la madre, María. ¿Entiende a qué me refiero? Dios les dio a estos hombres y mujeres la misión de ser mentores de sus hijos en cada una de las facetas de la vida. Viven en Las Escrituras por su poder y su aliento, a través de La Palabra inspirada por Dios.

Todos ellos nos precedieron, dicen Las Escrituras. Y ahora están en las gradas, alentándonos. Isaías, Sara, Ezequiel, María, Mateo, Rut, Daniel, Ester, todos ellos y muchos más están preparados, ansiosos por ser mentores nuestros.

Solo tenemos que pedírselos.

LO BUENO Y LO MANO: LECCIONES DE AMBOS LADOS

En La Biblia, hay dos tipos básicos de mentores. La mayoría, como Abraham, Daniel y Santiago, son mentores que obedecían a Dios. Nos enseñan cómo vivir con sabiduría, cómo agradar al Dios Todopoderoso.

Pero La Biblia también nos presenta a muchos mentores que, a través de sus ejemplos de vida guiada por la necedad y aun por la maldad, nos enseñan cómo *no vivir*. Dios incluye las historias de Caín, Esaú, Acab, Jezabel, Herodes y Judas, para permitir que sus chillonas voces sigan vivas con el fin de que no cometamos los mismos destructivos errores ni tomemos las mismas malas decisiones que tomaron ellos. Nos brindan potentes ilustraciones que nos hablan de la desventaja de una mala decisión. Salomón nos lo recuerda:

> Pasé por el campo del perezoso, por la viña del falto de juicio. Había espinas por todas partes; la hierba cubría el terreno, y el lindero de piedras estaba en ruinas. Guardé en mi corazón lo observado, y de lo visto saqué una lección.[9]

Hace unos años, un joven partió de Hawái durante un corto tiempo para entrar en una popular escuela de misión para estudiar La Biblia. Cuando volvió le pregunté:

—¿Qué tal tus clases?

—Algunas eran dinamita. Pero otras, un total desperdicio.

—¿A qué te refieres?

—Algunos de los instructores eran buenos, pero el resto era muy malo. Así que no aprendí mucho de ellos.

—¡No! —le respondí—. No hagas eso. Puedes aprender mucho también de los malos, igual que de los buenos.

—No me entiendes —dijo y explicó su problema—. Había algunos que eran tan tediosos que en tres minutos estábamos ya todos aburridos.

—¡Qué fantástico!

—¿Cómo dices?

—Es que de ellos puedes aprender valiosas lecciones —le dije—. Toma nota de eso y escribe: "Nuestro maestro de la mañana es capaz de aburrirnos hasta lograr que nos durmamos en solo tres minutos. ¡Pocas personas pueden lograr algo así! Debe ser un milagro".

Luego proseguí:

–*Analiza* lo que hacía ese maestro. ¿Por qué era tan aburrido? ¿Era su tono monótono? ¿Su falta de investigación? ¿Su falta de pasión? Si puedes encontrar cómo aprender de lo malo tanto como de lo bueno, aprenderás el doble en tu vida.

Por eso, Dios puso en La Biblia relatos crudos, sin editar, de hombres y mujeres que se comportaban con sabiduría y necedad. Eligió a estas personas para ser mentores nuestros. A los buenos junto con los malos. ¿Recuerda lo que dijo Pablo?: *"De hecho, todo lo que se escribió en el pasado se escribió para enseñarnos, a fin de que, alentados por las Escrituras, perseveremos en mantener nuestra esperanza"*.[10]

Así que las lecciones pueden provenir desde cualquier ángulo. ¡Prepárese! Las mejores gemas vendrán de esos personajes innobles que las dejaron detrás de sí... sin que nadie las reclamara. Si está dispuesto a buscarlos, ¡esos tesoros le pertenecen!

¿Quiere usted su herencia? Hablando de nuestro andar en Cristo como herederos de la promesa de Dios a Abraham, Pablo escribió:

En otras palabras, mientras el heredero es menor de edad, en nada se diferencia de un esclavo, a pesar de ser dueño de todo. Al contrario, está bajo el cuidado de tutores y administradores hasta la fecha fijada por su padre.[11]

Su herencia es todo lo que Dios tiene reservado para usted, ese tesoro latente, esa potencialidad, esas posibilidades para su vida. Él mantiene la mayor parte de todo esto bajo la guarda de tutores, hasta que usted sea mayor de edad. Es casi como si los mentores bíblicos fueran tutores que administran su herencia hasta que usted cumple la mayoría de edad. Así que le enseñarán, lo aconsejarán, serán sus maestros y mentores hasta que reciba la plenitud de lo que Dios tiene planeado para usted.

Hay una herencia divina esperándolo. Y está en un fideicomiso, hasta que usted llegue al punto de madurez. La pregunta real entonces es: ¿hasta qué punto y en qué plazo desea usted su herencia?

BUSQUE LO MEJOR

Las personas que lo rodean influirán en su vida. Las influencias podrán ser buenas o malas... así que busque las mejores. No lo deje librado al azar. ¡Vaya y búsquelo!

El que con sabios anda, sabio se vuelve; el que con necios se junta, saldrá mal parado.[12]

¿Oye usted las instrucciones de su mentor? Nos convertimos en personas iguales a aquellas con las que andamos. En cuanto al "por qué", ya lo habrá oído usted tantas veces que es una frase trillada. Pero resulta que es verdad. *La sabiduría es contagiosa. Es algo que se capta, no tanto algo que se entiende.*

Si queremos ser sabios, tenemos que rodearnos de hombres y mujeres de sabiduría. Usted y yo debemos buscar con diligencia a quienes tengan la mejor y más edificante influencia en nuestras vidas.

"Está bien –me dirá–. Pero en mi vida, en este momento, no hay ninguna persona así. De hecho, muchas de las personas con las que estoy, en mi casa y en mi trabajo, no viven el tipo de vida que yo querría. ¿Dónde encuentro entonces a estos hombres y mujeres de sabiduría?"

En verdad, están muy cerca. En este mismo momento. José, Daniel, Abigail, Isaac, María, Jacob, Rut, Josué, Ester, Josías... ¡las personas más sabias de toda la historia lo están esperando! Y si anda en su compañía, su entendimiento y perspectiva de la vida se le contagiarán.

No importa qué edad tenga, a qué escuela vaya, en qué entorno esté. Podrá elegir estar en compañía de los sabios. Y puede hacerlo a partir de hoy. Sus voces siguen resonando en los pasillos de la casa de Dios, y después de miles de años, no se ha perdido ni un solo decibel a causa de la degeneración del sonido. Sus palabras están tan vivas hoy como en el momento en que las pronunciaron.

Envueltos en algún tipo de manto del tiempo, estos mentores administran potentes lecciones de vida y sabiduría, y esperan al descubridor diligente. Los profetas hablan aún hoy. Los entrenadores viven aún hoy. Los guías esperan su visita y, de hecho, *anhelan* su amistad y *esperan* su compañía. Escuche al autor de Hebreos y lo que dice sobre los hombres y las mujeres de La Biblia: "*Aunque (...) ninguno de ellos vio el cumplimiento de la promesa. Esto sucedió para que ellos no llegaran a la meta sin nosotros, pues Dios nos había preparado algo mejor*".[12]

La muerte física no determinó el final de sus vidas. Dios les dio una misión eterna. La de ser tutores de las futuras generaciones de sus hijos. Recibieron la divina comisión de madurarnos. Separados de nosotros, no serían completos. Habrían vivido vidas inconclusas porque solamente se completan en nosotros.

¡Descubra a estos mentores como los descubrí yo! Muchas veces he paseado con David, escuchando el sonido de su arpa en las colinas. He atravesado el ardiente desierto del Sinaí con Moisés, oyendo la catarata de protestas y quejas de los escépticos. Y con frecuencia acompañé a Salomón y escuché cómo Sabiduría gritaba en la plaza de la ciudad. Hasta luché con Sansón, rogando por una respuesta sobre por qué se había dejado embobar tanto por Dalila.

Estos son héroes reales que nos inspiran a través de sus éxitos y nos discipulan a través de sus cicatrices. Caminaremos junto a sus vidas en crudo, sin editar, sin fingir y sin imágenes retocadas para verlos desde el mejor ángulo.

Nos invitan a entrar en sus casas. ¿Está usted conmigo? Nuestros mentores nos llaman.

Han tomado su decisión. Ahora nos toca decidir a nosotros.

CAPÍTULO 4

UN LUGAR DONDE REFRESCARSE

"Prueben y vean que el Señor es bueno;
dichosos los que en él se refugian".[1]

Andrés se enojó. Tenía el rostro enrojecido. Yo había estado conversando con Dan, mi administrador, cuando Andrés irrumpió en la habitación y se echó en un sillón ubicado delante de mí.

–Me cuesta mucho, de veras –gimió–. ¿Sabes cuántas horas he estado trabajando estas últimas semanas?

Era uno de nuestros pasantes. Se le veía entusiasmado, hasta que su pasión por el ministerio se esfumó gracias a las pizzas a la madrugada y las mañanas de despertar al amanecer.

–¡Ya no tengo vida social! Y tal vez nunca me case. No puedo seguir así. Tengo que dejar el ministerio.

Dan habló primero, en ese tono de abuelo que nunca da la impresión de menospreciarte. Percibía algo más que el cansancio por una agenda apretada y, como el médico que va presionando en diversos lugares hasta encontrar dónde duele, Dan ejerció presión en Andrés sobre un área que le causaba incomodidad.

–Andrés, ¿has estado haciendo tus devocionales?

–¿Qué tiene que ver eso con todo esto? –dijo Andrés exasperado y a la defensiva–. No me queda tiempo para los devocionales. Estoy demasiado ocupado. Ya llegué a mi límite.

Entonces señalé:

–Andrés, mejor te tomas las siguientes dos semanas para comprometerte con una cosa. No llegues aquí hasta las diez de la mañana y tómate esas primeras dos horas para tus devocionales. Que sean devocionales ricos, con sentido. Te pagaremos para que pases ese tiempo con Dios. Luego, te prometo que si dentro de dos semanas todavía quieres irte, te daremos buen dinero como compensación y mi bendición.

No era esa la respuesta que esperaba. Tal vez quería más que lo apañáramos y le diéramos una semana de vacaciones, pero eso no habría dado el mismo resultado.

–Ahora ve, empieza ya mismo –le aconsejé. (Descubrí que cuando uno necesita cambiar algo tiene que empezar con poco, pero enseguida).

Andrés, con pocas ganas, siguió nuestro consejo y salió de la habitación.

Dos semanas después, lo vi ordenando sillas para una reunión.

–Bien, Andrés. ¿Todavía quieres dejar el ministerio?

–¿Dejar el ministerio? –repitió con mirada atónita–. Pero si el ministerio es mi vida. ¡No hay nada como esto!

–¡Ah! –dije entonces–. ¡Sí que hiciste tus devocionales!

HAY QUE MANTENER FRESCA LA SABIDURÍA

Esta verdad esencial en la vida no es un curalotodo para cualquier problema que uno esté enfrentando. Pero hay una cosa que es segura: si somos negligentes con nuestros devocionales tendremos más problemas, más pronto que cualquier otra cosa. Es que pasar tiempo a solas con Dios, en su Palabra y sin apuros, abre la fuente que nos refresca desde el centro mismo de nuestro ser.

La Biblia dice que Salomón fue el hombre más sabio que haya existido. Cuando uno lee el relato de sus primeros años como rey, ve ejemplo tras ejemplo de cómo la sabiduría divina enriqueció su vida y su nación.

Uno oye su oración pidiendo sabiduría, no fama ni oro ni poder político, y siente algo así como reverencia y asombro al mismo tiempo. Piense en su primera sentencia frente a un caso extraordinariamente difícil, y no podrá más que maravillarse.

Tome en cuenta su eficiente organización de gobierno, sus avanzados estudios en botánica y zoología, y podrá entender por qué La Biblia dice: *"Dios le dio a Salomón sabiduría e inteligencia extraordinarias; sus conocimientos eran tan vastos como la arena que está a la orilla del mar"*.[2]

Y aún así... si conoce toda la historia de Salomón, sabe que al final termina en un fracaso colosal. ¿Por qué? ¿Cómo sucedió algo así? ¿Cómo pudo pasar de ser el hombre más sabio del mundo a uno de los más grandes fracasados en toda La Biblia?

Parece que Salomón olvidó de dónde provenía su sabiduría. En algún momento de su vida, Salomón dejó de tomar del pozo sin fondo para depender de su propio entendimiento. El hombre que definió la sabiduría para múltiples generaciones, se convirtió en necio y tonto. Y en su impactante necedad, plantó las semillas de una desastrosa guerra civil que dio inicio a la caída de todo su pueblo.

No tendría que haber terminado así.

Salomón inició su caída tan pronto dejó de ir a diario al manantial de sabiduría de Dios, una lección que él mismo había registrado en su juventud: *"El comienzo de la sabiduría es el temor del Señor"*.[3] ¿Qué sucede cuando olvidamos o rechazamos el principio de la sabiduría? Todo el resto de la sabiduría colapsa, como un castillo de naipes ante el viento. Salomón ya no deseaba aprender.

Más vale joven pobre pero sabio que rey viejo pero necio, que ya no sabe recibir consejos.[4]

Salomón debiera ser para nosotros el recordatorio patente de que no importa lo inteligentes que seamos, cuánto sepamos o cuántos diplomas tengamos. Si rechazamos el consejo de Dios y nos apartamos de los mentores que Él ha dispuesto para nosotros, estamos en problemas. Tal vez no sea aparente de inmediato, pero al final será demasiado obvio como para no verlo.

LA PALABRA NOS MANTIENE PREPARADOS

El Espíritu Santo lo sabe todo acerca de los grises nubarrones que sobrevendrán en su vida *el mes que viene*. Usted no lo sabe, claro. Pero Él sí y lo preparará para lo que asoma por el horizonte. Al recibir usted la sabiduría de Dios y depositarla en los archivos de su corazón, obtendrá frutos en el momento preciso.

En Mateo 13, Jesús relata una historia que conocemos como la parábola del sembrador. Cuando los discípulos le pidieron luego que interpretara la historia, Jesús explicó que las semillas del sembrador representan la Palabra de Dios. Cuando Él planta una semilla de su Palabra en usted, no necesariamente dará frutos hoy mismo. El fruto puede ser cosechado, y así será de hecho, en algún momento futuro, a lo largo del camino. ¡Cuántas veces he estado haciendo mi devocional sobre un pasaje en particular, preguntándome: *¿por qué estoy leyendo esto si no tiene nada que ver conmigo?*! Recuerde que a la semilla le lleva tiempo germinar y crecer. ¿Será que Dios quiere plantar esa semilla en particular hoy en usted porque sabe que en pocas semanas más, o meses, necesitará la cosecha de sabiduría que producirá?

Esta deliberada educación de nuestras mentes es como el entrenamiento del atleta. Cuando uno corre una carrera, ¿de dónde saca las fuerzas? ¿De la carrera en sí? ¡Claro que no! Es de semanas y meses de entrenamiento, de correr por el pavimento día a día pagando el precio de lograr el mejor estado físico.

Es la fuerza de meses y años y hasta de una vida entera de práctica lo que le permite a un músico excelente como Yo-Yo Ma tocar como toca. No adquirió su experiencia ayer nada más. Y no despertó con su experiencia como regalo hoy por la mañana. Se dedicó y desarrolló capa tras capa de excelencia a lo largo de años y años de inversión. Hoy toca con tanta naturalidad y tanto genio a causa de su esfuerzo y disciplina.

Lo mismo vale para nuestras vidas espirituales. En un futuro cercano, enfrentará usted algunas decisiones importantes. No sé cuáles son, y tampoco lo sabe usted. Pero el Espíritu sí lo sabe, y su misión es la de brindarle la sabiduría y la gracia que hacen falta para poder salir adelante con éxito.

La Palabra nos mantiene fructíferos

Es interesante observar todo lo que la gente ansía, con la esperanza de ser fructíferos, sea en la vida amorosa, en los negocios o las finanzas. Hay quienes usan las cadenas de cartas, los horóscopos o los amuletos como la pata de conejo o el gato de porcelana. A continuación incluyo una carta que hace años se pasaban los amigos de mi hija cuando estaban finalizando la escuela primaria:

Cuando toques esta carta tendrás que guardarla. Es una prueba de amor. Comenzó en 1877, y debes guardarla, copiarla palabra por palabra y entregársela a cinco personas (¡no varones!) en los próximos cinco días. Al quinto día, bebe un vaso de leche o agua y di el nombre completo de un chico, con su apellido. En dos días más, te invitará a salir o dirá: "Me gustas". ¡No es una broma! Ha funcionado durante muchos, muchos años, y si rompes la cadena tendrás mala suerte con los chicos.

¡Lo dudo mucho! NO importa si la cadena hubiera comenzado en 1677... no tiene poder alguno para hacer que uno sea más positivo, popular, atractivo, productivo o cristiano. ¿De qué cosas depende usted para que le ayuden a lograr el éxito en la vida? La Biblia tiene una posición muy definida al respecto:

> Recita siempre el libro de la ley y medita en él de día y de noche; cumple con cuidado todo lo que en él está escrito. Así prosperarás y tendrás éxito.[5]

¿Cuál es el secreto para lograr una vida exitosa y fructífera? Tendrá relación directa con lo que haga usted con las palabras de Dios. ¿Quiere un camino próspero? ¿Quiere éxito en todo lo que haga? Si es así, Dios dice que necesita guardar su Palabra en su corazón, meditarla y luego cumplir lo que diga con el poder del Espíritu Santo. Si quiere éxito, es así como podrá conseguirlo.

Jesús dijo, en esencia, lo mismo. Explicó que su Padre utiliza su Palabra para podarnos con el propósito de hacernos fructíferos. Escuche cómo describe Jesús una vida exitosa:

> Yo soy la vid verdadera, y mi Padre es el labrador. Toda rama que en mí no da fruto, la corta; pero toda rama que da fruto la poda para que dé más fruto todavía. Ustedes ya están limpios por la palabra que les he comunicado. Permanezcan en mí, y yo permaneceré en ustedes. Así como ninguna rama puede dar fruto por sí misma, sino que tiene que permanecer en la vid, así tampoco ustedes pueden dar fruto si no permanecen en mí. Yo soy la vid y ustedes son las ramas. El que permanece en mí, como yo en él, dará mucho fruto; separados de mí no pueden ustedes hacer nada.[6]

Jesús afirma que mientras permanezca usted en Él, y sus Palabras permanezcan en usted, habrá obvia actividad del Padre fluyendo en su vida. Sus deseos se convierten en los deseos del Padre, y su corazón, en el corazón del Padre. Todos podrán ver cómo Él obra a través de usted.

> Si permanecen en mí y mis palabras permanecen en ustedes, pidan lo que quieran, y se les concederá (...) Ustedes ya están limpios por la palabra que les he comunicado.[7]

La herramienta principal del Padre para podarnos y así ayudarnos a disfrutar de una vida productiva y profundamente satisfactoria es La Palabra de Dios. El diablo sabe que si logra mantenerlo apartado de La Palabra, usted se marchitará. ¿Pasó ya por esto? Yo sí. Cuando nos marchitamos, suele desaparecer el fruto de nuestras vidas.

Por eso, el diablo jamás ataca su productividad, sino que ataca su relación con el Señor intentando alejarlo de La Palabra. Cuando usted se marchita, se hace más vulnerable a la tentación. De repente, eso que parecía dudoso ahora parece una buena opción, o esa relación insalubre nos atrae o esa forma de pensar tan retorcida nos parece correcta.

Todo se hace negociable. Recuerde lo siguiente: *si el diablo logra mantenerlo apartado de La Palabra, estará robándole al Padre la herramienta principal con la que Él hace que usted dé fruto en la vida.* Una vez me dijeron: "Wayne, La Palabra te guardará del pecado, pero también el pecado te guardará de La Palabra. Tú eres quien elige".

Que La Palabra de Dios rinda fruto en su vida. Haga que su camino sea próspero y exitoso, pasando tiempo en La Palabra de Dios y escuchando con atención lo que Él quiere decirle.

LA PALABRA NOS PERMITE RECONOCER LA VOZ DE DIOS

Jesús lo ilustró cuando habló del pastor con su rebaño. Las ovejas siguen al pastor *"porque reconocen su voz. Pero a un desconocido jamás lo siguen; más bien, huyen de él porque no reconocen voces extrañas"*.[8]

¿Y cómo conocen las ovejas la voz del pastor?

Porque la oyen todo el tiempo.

Lo han oído cantar mientras las guía por las colinas y los campos. Han oído su cálida voz por las noches, cuando los coyotes aúllan a lo lejos. Reconocen el tono y timbre de su voz, y les es familiar. Conocen sus frases más comunes. Su ritmo, la forma en que se eleva el tono ante el peligro y cómo habla con la suavidad de la seda cuando alguna está herida. Conocen su autoridad, su seguridad, su cuidado, su preocupación por ellas. Y aunque seguirán esa voz adondequiera que sea, no seguirán a un desconocido. Es que no conocen su voz.

Hace años se capacitó a los cajeros en los bancos para que reconocieran los billetes falsos de cien dólares. Los instructores ponían a los cajeros en una habitación y les mostraban los billetes genuinos. Daban clases y seminarios para enseñarles las características casi imperceptibles del billete verdadero. Los cajeros podían oler los billetes genuinos, sentir su textura con los dedos y hasta casi probar cómo sabían.

Luego, cuando los instructores pensaron que los cajeros estaban preparados, hicieron una prueba. Los pusieron frente a una cinta transportadora cargada con billetes genuinos. Y un supervisor ocasionalmente insertaba un billete falso a escondidas. Los cajeros lo miraban de inmediato, lo sacaban y decían: "No sé qué es lo que tiene de malo, pero no es genuino. Hay algo que no está bien. Se ve raro".

¿Cómo podían reconocer tan rápido los billetes falsos? ¿Por qué habían estudiado los falsos? No. *Porque habían dedicado mucho tiempo a estudiar los verdaderos.*

De manera similar, nosotros podemos distinguir entre las voces falsas y la voz del Señor, de una sola forma: conociendo su voz *realmente bien*. Cuando conocemos íntimamente hasta las facetas más pequeñas del carácter genuino de Dios, podemos detectar una voz falsa de inmediato. La única forma de llegar a esta clase de familiaridad es a través de la exposición continua y consistente a Dios en su Palabra. Solo sentándonos con el Mentor Divino podremos llegar a conocerlo en la intimidad y seremos entonces capaces de reconocer la voz de un impostor.

Pablo nos dice:

"… Satanás mismo se disfraza de ángel de luz. Por eso no es de sorprenderse que sus servidores se disfracen de servidores de la justicia…".[9] ¿Por qué, si no, nos advirtió Jesús: "Porque surgirán falsos Cristos y falsos profetas que harán grandes señales y milagros para engañar, de ser posible, aun a los elegidos".[10]

Entonces, ¿cómo aprendemos a identificar la voz de Dios? ¿Cómo detectamos a un impostor, un falso maestro, un estafador? Solo conozco una forma, y es la de prepararnos de antemano cada vez que abrimos La Palabra de Dios reconociendo que en esas páginas estamos oyendo su voz. Cuanto más leamos, más aprenderemos a reconocer su voz.

LA PALABRA NOS AYUDA A TOMAR DECISIONES SABIAS

¿Sabía usted que cada persona toma aproximadamente trescientas decisiones por día?

¿A qué hora me levanto?

¿Apagaré la alarma cuando suene?

¿Qué ropa me pondré?

¿Qué tomaré y comeré en el desayuno?

¿Llegaré antes que los demás al trabajo?

Y así durante el día entero. Decisión tras decisión.

De esas trescientas decisiones, tal vez un diez por ciento, digamos unas treinta, tendrán ramificaciones que potencialmente pueden alterar nuestras vidas: ¿Qué relaciones buscaré? ¿A qué universidad asistiré? ¿Es hora de formar una familia? ¿Debo considerar esa oferta de empleo?

Al sopesar todas estas opciones, estamos tomando de alguna fuente la información y la motivación que nos moviliza a tal o cual decisión. ¿En qué fuente echa usted su cubo? Si no es la fuente correcta, tenga cuidado. Porque tal vez sean sus hormonas... o una fantasía secreta... o la insistente voz de la carne... o la presión de sus pares... o el miedo... o la defensiva.

Para cuando terminamos la escuela secundaria, las estadísticas indican que hemos mirado más de dieciseis mil horas de televisión. Habremos pasado catorce mil horas en una institución educativa. Y si vamos a la iglesia solo dos horas a la semana, habremos pasado menos de dos mil horas obteniendo ayuda espiritual. Así que, para resumir, cuando se trata de tomar una decisión, tenemos ocho veces más TV y siete veces más "educación y mundo y cultura", que horas de iglesia.

¿Ve ahora cuál es el problema? ¡No hay sustituto para el manantial de La Palabra de Dios!

> Si a alguno de ustedes le falta sabiduría, pídasela a Dios, y él se la dará, pues Dios da a todos generosamente sin menospreciar a nadie. Pero que pida con fe, sin dudar, porque quien duda es como las olas del mar, agitadas y llevadas de un lado a otro por el viento.[11]

Dios nos da su sabiduría cuando permanecemos en su Palabra. A medida que se hace parte de nosotros, sabremos cada vez más que esta es la decisión correcta o que aquella es la respuesta que tenemos que pronunciar. No solo sabremos lo que está bien y lo que está mal, sino que podremos diferenciar entre lo sabio y lo necio.

En nuestras primeras etapas como cristianos, nos cuesta diferenciar entre lo bueno y lo malo. Y así ha de ser. Porque le tomará al corazón y a la mente cierto tiempo llegar a debatir los temas más difíciles, las preguntas que mayor desafío representan. Una vez establecido todo esto, sin embargo, nos graduaremos. La mayoría ya no tropezamos al decidir entre *lo bueno y lo malo*, sino entre *lo sabio y lo falto de sabiduría*.

Hace tiempo un buen amigo mío que es cristiano me llamó y dijo:

—Wayne, ¡estoy frito! Mi matrimonio se acabó.

—¿Qué pasa? —pregunté.

—No fue mi intención hacer nada malo. Y no estaba haciendo nada malo.

—Eso está bien —dije.

—Pero estoy frito. Me he metido en problemas.

Luego me contó una historia que con pocas modificaciones podría repetirse una y otra vez, a partir de las historias de tantas otras personas.

—Fue algo inocente, te digo. Verás, había una chica en mi oficina que tenía problemas en su hogar. Solo necesitaba hablar con alguien. Fuimos a almorzar a un restaurante cerca de la oficina y luego nos sentamos en mi auto en el estacionamiento. Pasamos un rato allí. Creo que parte de lo que le dije la ayudó, porque entonces se inclinó y me dio un beso de despedida, o algo así, pero me besó en la boca. Y justo en ese momento, ¡pasó mi esposa!

—¡Sí que estás frito! —exclamé.

—Pero no estaba haciendo nada malo —objetó.

—No. Pero te aseguro que no fue sabio lo que hiciste.

—Wayne... ¿qué puedo hacer ahora?

¿Sabe usted cuál era el verdadero problema de mi amigo? Aunque no se trataba de discernir entre lo bueno y lo malo, no logró diferenciar lo sabio de lo que no lo es.

Le dije:

—Tu falta de sabiduría comenzó en la oficina cuando te prestaste a esto, en lugar de escuchar o indicarle que fuera a ver a otra hermana o a un consejero. Te encargaste de esa tarea y pasaste de una tontera a otra. No, ya sé que no hiciste nada malo. Pero en verdad, no te comportaste con sabiduría.

Le llevó a mi amigo ocho meses reconstruir la confianza con su esposa. Y lo que más le dificultó todo esto es que había estado tomando decisiones poco sabias hacía tiempo. Para cuando sucedió este incidente, su matrimonio ya se encontraba tambaleándose sobre un cimiento muy frágil.

Recuerde: la sabiduría no tiene por qué llegar a precio elevado. De hecho, hay muchos que ya pagaron ese alto precio para aprender en la escuela de los golpes. Ahora solo esperan que los escuche para poder enseñarle a usted lo que aprendieron.

La sabiduría le costó a Sansón su matrimonio, su familia, su ministerio y sus dos ojos. La sabiduría que obtuvo a partir de ese dolor sigue estando en Sansón como en un fideicomiso, disponible para usted y para mí. Solamente hace falta que lo visitemos para que esas gemas sean depositadas en nuestra cuenta.

David pagó caro la sabiduría que acumuló. Le costó la vida de un hijo, Absalón. Le costó que sus esposas fueran profanadas por Absalón. Le costó su hijito con Betsabé. Todo este entendimiento que no podríamos llegar a acumular es nuestro, si tan solo estamos dispuestos a recibirlo. El aula está abierta. Los instructores están esperando a sus estudiantes.

DIOS ES MÁS INTELIGENTE QUE NOSOTROS

No sabemos lo que sabe Dios. Cuanto antes aceptemos esto, mejor nos irá. Escuchando hace poco a mi amigo Isaías, recordé una vez más lo que dijo Dios: *"Mis caminos y mis pensamientos son más altos que los de ustedes; ¡más altos que los cielos sobre la tierra!".*[12] En el nivel de los humanos, es como si un niño de primer grado le dijera a Pyotr Illych Tchaikovsky que no cree que su música haya llegado a mucho. O que un muchacho de catorce años, jugador de baloncesto, le dijera a Michael Jordan que no sabe encestar. O que un jugador de golf con *handicap* de veinticuatro criticara el *swing* de Tiger Woods. Aun así, seguimos pensando que Dios no tiene mucho para decir... y que si nos lo dice, es más una opción que podemos tomar o dejar.

Nos apresuramos a tomar las cosas en nuestras propias manos. Maniobramos y manipulamos, para conseguir lo que queremos. Sabemos que no es lo mejor, pero luego les mostramos los resultados a los demás y decimos: "¡Mira lo que me dio Dios!".

Repito. Eso nos hace retroceder en lugar de avanzar:

El Señor dice: "Yo te instruiré, yo te mostraré el camino que debes seguir; yo te daré consejos y velaré por ti".[13]

Cuanto más temprano estemos dispuestos a aprender de los mentores bíblicos que Dios designó para nosotros, tanto mejor estaremos. Es mucho mejor encontrar el problema que tiene el auto haciéndolo revisar cada tanto en lugar de terminar pateando los neumáticos al costado de la autopista, con insultos hacia el fabricante.

Durante una visita a un taller mecánico, leí un cartelito interesante:

Si trae usted su auto ANTES de que se descomponga para que podamos hacer el mantenimiento, el precio será de $30 por hora. Si espera hasta que se rompa y luego lo trae, el precio es de $50 por hora. Y si intentó arreglarlo usted mismo y ahora lo trae, le costará $120 por hora.

Alguien me dijo una vez: "El secreto para crecer en sabiduría divina es volverse estúpido por Dios. Dile que no sabes nada. Dile que necesitas saber cómo pensar, cómo atarte los zapatos, cómo hacer amigos, cómo influir en los demás".

Con ese tipo de corazón, Dios puede obrar de la mejor manera. Cuando busca receptáculos para la sabiduría divina, busca a *los pobres, los hambrientos y desesperados* (y aunque suena a chiste, ¡las iniciales coinciden con las del doctorado: PhD![2]).

Esas son las personas que despiertan el entusiasmo de nuestros divinos mentores. Al igual que los legendarios guardianes del Santo Grial, han estado anhelando nuestra compañía. No los dejemos esperando en vano.

---

2.   En los países anglosajones y algunos europeos, los estudios de doctorado son conocidos con estas iniciales que derivan del latín *Philosophiæ Doctor*.

Segunda parte

Cómo escuchar la voz de Dios

CAPÍTULO 5

UNA COSA A FAVOR
DE MARTA

"Marta, Marta —le contestó Jesús—,
estás inquieta y preocupada por muchas cosas,
pero sólo una es necesaria. María ha escogido la mejor,
y nadie se la quitará". [1]

Pareciera que en la vida nunca nos alcanza el tiempo, ¿verdad? Hace unas semanas, volví de un viaje de diez días a Australia, y cuando uno cruza al otro lado del globo, "el tiempo" puede hacer cosas muy extrañas. Salí el domingo por la noche, y llegue a casa el domingo por la mañana. Estaba viviendo esa canción de los Beatles, la de "Ocho días a la semana". ¡Esa semana tenía un día de más! Pero siete días más tarde, no había avanzado más que al comienzo. Todavía me hacía falta más tiempo para cumplir con todo.

El tiempo no espera. No se puede pedir prestado. No se puede comprar. Corre, vuela, sin volver atrás. Podemos encontrar la inversión que más nos conviene o podemos desperdiciarlo. Pero el tiempo nos confiscará cada uno de los minutos que pasemos sin hacer nada.

Volviendo por un momento a la historia de María y Marta, digamos que Marta era la Marta Stewart original. Completamente irritada y frustrada porque su hermana no la ayudaba en la cocina. (María estaba sentada a los pies de Jesús, escuchándolo hablar nada más, ¡como si no hubiera cosas por hacer!). Marta protestó porque sentía que debía cargar sola con todo. Pero cuando se quejó, el Maestro con mucho amor le dijo que hay una sola cosa que es la mejor, la única cosa que hace falta.

Una sola cosa.

María había encontrado el manantial de vida, la Fuente del manantial del cielo. La Fuente del cristiano, sin ambigüedades, la que alimenta, enciende, guía, sostiene y da poder a *absolutamente* todo es el tiempo que pasamos con el Maestro. Momentos en silencio, sin prisa, reverentes en la presencia de Cristo, tal como lo hizo María. *"Las palabras que les he hablado son espíritu y son vida"*,2 nos dice Jesús.

Alguien que parece haber entendido esta lección fue el apóstol Pablo porque en el librito de Filipenses describe cuál es el deseo de su vida: *"... conocer a Cristo, experimentar el poder que se manifestó en su resurrección, participar en sus sufrimientos y llegar a ser semejante a él en su muerte. Así espero alcanzar la resurrección de entre los muertos".*[3]

¿Cuál era la Fuente? Es claro que al igual que para María, era "conocer a Cristo". Y ¿cómo pensaba Pablo acercarse a Jesús? ¿Cuál era su estrategia para conocer mejor a su Salvador? Afortunadamente para nosotros, la definió a continuación: *"... una cosa hago: olvidando lo que queda atrás y esforzándome por alcanzar lo que está delante, sigo avanzando hacia la meta para ganar el premio que Dios ofrece mediante su llamamiento celestial en Cristo Jesús".*[4]

Es asombroso. Primero Jesús nos dice: "Una sola cosa es necesaria". Y después Pablo escribe: "Una cosa hago".

¿Puede ser tan sencillo?

Jesús no dijo: "Solo se necesitan diez cosas", ni Pablo: "Quince cosas hago". Cuando todo en la vida se reduce a lo más básico, cuando, como decía Chuck Swindoll, "lo hervimos todo hasta el hueso", La Biblia nos lo hace fácil. Muy fácil.

Es solo una cosa. Volver a la Fuente.

LAS ESCALAS

Vea a los más famosos por su éxito. Los atletas tienen un régimen de entrenamiento que repiten todos los días, una y otra vez. Deben repetir su rutina sin disculpas, y en muchos aspectos, su práctica puede parecer desconectada de lo que hacen cuando están bajo las luminarias.

El atleta de nivel internacional despierta cada mañana y realiza una determinada cantidad de ejercicios centrales. Jerry Rice, uno de los grandes del fútbol americano de todos los tiempos, decía cuando todavía jugaba: "Puedo correr y recibir pases, pero además, puedo hacer mil abdominales por día".

Los pianistas de concierto ilustran este principio. Porque por grande que sea el artista, todos los días repetirá la misma actividad. Las escalas. La escala en do, la escala en sol, la escala diatónica, la escala cromática. ¿Por qué?

Ignace Jan Paderewsky fue un renombrado pianista polaco que vivió en la primera mitad del siglo xx. Cuando su gobierno le pidió que diera conciertos con el fin de recaudar dinero, Paderewsky, patriota y ciudadano dispuesto, respondió: "Seré parte de este esfuerzo de guerra con una condición. Tienen que permitirme que todos los días siga practicando mis escalas, tres horas al día. Páguenme por ocho horas, pero yo practicaré mis escalas durante tres de ellas".

No dudaron en aceptar su oferta.

¿Por qué alguien tan talentoso como Paderewsky insistiría en practicar escalas durante tres horas, *todos los días*? Él tenía la respuesta.

"Si un día no practico mis escalas –explicó–, lo noto durante mi concierto. Y si durante dos días no las practico, lo notará mi entrenador. Pero si no lo hago durante tres días, lo notará el mundo."

Es que las escalas desarrollan y mantienen la destreza de los dedos del pianista. Le dan la capacidad de moverse por las piezas más difíciles con velocidad y precisión. Sea cual sea la partitura, con la práctica adecuada podrá tocar con destreza y confianza en sí mismo.

Sin esa dieta diaria de escalas, el pianista quizá abra una partitura difícil (a veces incluso una fácil) para ver un océano de figuras negras sobre un mar blanco. Solo podrá sortear la tormenta con un esfuerzo enorme y, tal vez, con algo de vergüenza.

Todo discípulo que se haya inscripto en el curso de la sabiduría practica sus escalas. A diario, con comprometida fidelidad. María me enseñó esta disciplina. Y si a eso le añado la forma en que Jesús elogió su conducta, veo cuál es la cosa más importante.

DEVOCIONALES DIARIOS

Para alcanzar el éxito, para ser productivos, para sentirnos plenos y satisfechos, para llegar a ser parte importante de la solución y no del problema, tenemos que adoptar el mismo régimen, día tras día.

Los devocionales diarios.

Es que si nos saltamos el devocional un día, lo notamos nosotros. Si los saltamos dos días, lo nota nuestra esposa o esposo y nuestros hijos. Y cuando los saltamos tres días, el mundo lo nota.

Cuando usted y yo nos saltamos nuestras "escalas", en un abrir y cerrar de ojos, empezamos a apoyarnos en la sabiduría y el conocimiento que ofrece el mundo. Tal vez no nos demos cuenta de que lo estamos haciendo, pero es casi inevitable.

Además, nos debilitamos espiritualmente. Si pasamos varios días sin comer, ¿cómo empezamos a sentirnos y a actuar? Molestos, con dolores de cabeza, irritables por demás. El hambre nos hace tomar decisiones caóticas. Todas nuestras acciones se desequilibran, y nuestros motivos se tuercen. Si no alimentamos nuestro espíritu e ignoramos el hambre del alma, nos debilitamos espiritualmente, y esto da como resultado decisiones desesperadas ¡y pensamientos apestosos!

El alma desnutrida y el corazón que sufre hambre nos llevarán a la autocompasión. ¿Y en qué contexto? En el contexto del basural de la vida.

Pero si con constancia y persistencia practicamos nuestras escalas, tendremos la valentía necesaria como para salir de ese pozo lleno de basura y cambiar nuestra ropa con mal olor por una sabiduría perfumada que nos guiará fuera de las resbalosas laderas que nos hicieron caer hasta el fondo.

CORREGIR EL RUMBO PARA
VOLVER A LA FUENTE

Por fin, desistí. Me anoté para tomar lecciones de golf durante dos semanas. Todo mi juego había estado basado principalmente en el ensayo y el error. Aprendí por mirar cómo jugaban los demás y cuando logré darle a la bola, me sentí exultante. Pero no podía decir por qué la bola iba tan lejos, tan en línea recta. Y en el hoyo siguiente, mi bola buscaba descubrir territorios desconocidos... rebotando y alejándose... o hasta dándole a un tejado. Jamás podré decir qué fue lo que hacía mal, porque jugaba el juego de las probabilidades. A veces me sentía como Tiger Woods, y otras, como el último orejón del tarro.

Me volví algo fatalista en cuanto al golf... y, como Doris Day en los cincuenta, me dejaba llevar por el "Que será, será".

Mi entrenador, sin embargo, no quería nada de eso. Parecía pensar que tenía menos que ver con el destino y más con mi *swing* básico. ¿Puede creerlo? Así que durante dos semanas, me enseñó los principios del golf. Y nada más que eso. Quería que pudiera sentir en los poros lo que es un buen *swing*. Nada librado al azar. Estaba convencido de que si aprendía el mecanismo básico, mi juego se vería directamente afectado de manera positiva. ¿Por qué limitaba él las lecciones a lo básico? Para que cuando yo le diera a la bola, supiera por qué lo hacía, y cuando lograba la comba, también lo supiera. Lo más importante era aprender cómo corregir el tiro sin tener que repetir el error una y otra vez hasta que algún milagro divino restaurara el rumbo de mis golpes hacia el hoyo que había delante de mí. Uno puede darle bien a la bola sin conocer la mecánica del caso, pero no sabrá por qué le dio bien. Tampoco podrá asegurarse de volver a pegarle bien a los pocos minutos.

Ahora, si uno conoce lo básico, todo se endereza.

En la vida cristiana, los devocionales diarios corregirán su curso hacia lo que es bueno para usted. No necesariamente hacia aquello que usted cree que es bueno, sino hacia lo bueno de verdad. Porque entonces, cuando cometa un error, sabrá que el tiempo a diario con La Palabra de Dios es un GPS[3] que le enseña a encontrar su camino cada vez que se pierde o toma un desvío.

No escatime en lo básico

Me contaron la historia de un joven que quería ganarse la vida como constructor. Tenía el talento aunque no mucho dinero, así que compró algunas herramientas en la tienda de descuento. Lo contrataron para una obra, y parecía ir muy bien. Pero después de un par de días, el capataz inspeccionó su trabajo y descubrió que todo lo que había hecho estaba torcido, aunque el ángulo era casi imperceptible. A pesar de todo su esfuerzo, tuvo que rehacer todo. Y la compañía perdió dinero y tiempo con ello.

El capataz lo llamó y le dijo: "Hijo, sé que puedes hacerlo bien. Pero tengo que despedirte. Nos cuestas demasiado dinero". ¿Qué podía decir el joven? Sabía que la culpa era suya, *pero no sabía en dónde se había equivocado*. Tomó sus herramientas y se dispuso a salir por la puerta.

"Espera un momento. Quiero ver tu cinta de medir", dijo el capataz.

---

3.   N. del E.: *Global Positioning System* (Sistema de Ubicación Global).

Cuando puso la cinta de medir junto a la del capataz, de inmediato se hizo evidente el origen del problema. "¿Dónde compraste esto?", quiso saber el capataz. Y cuando el joven, desanimado, le habló de la tienda de descuentos, el jefe le dijo: "Bueno, hijo. Ese es tu problema, ¿lo ves? Compraste una cinta barata. Está mal, hijo. En el futuro, no escatimes en lo básico. Si lo básico está mal, todo lo demás que hagas también lo estará".

La herramienta del joven no estaba demasiado mal. La falla era muy pequeña, casi imperceptible al principio. Pero al seguir trabajando y construyendo con esa cinta fallada, los problemas se hacían peores. Y si hubiera continuado, la construcción habría sido un fiasco total.

La vida también es así.

Cuando sigues por un camino torcido –aun si no se nota–, podrás encontrar que el caos o la catástrofe van ganando terreno, por mucho que te esfuerces por adelantárteles. Hay un teorema básico en lógica que indica que si tu premisa inicial es incorrecta, todas las conclusiones subsiguientes tendrán un porcentaje incorrecto también. Por ejemplo, si piensas que uno más uno es tres, toda ecuación que implique tal premisa te llevará a una conclusión equivocada. Cuando el presupuesto básico está mal, todo lo que provenga de ese principio básico también lo estará, por muy sinceras que sean tus intenciones.

En la vida cristiana, La Biblia es tu premisa básica. Puede haber un autor contemporáneo o una personalidad que te gusten más que otros, por supuesto. Pero nadie puede reemplazar al original. Sospecho que todos estamos errados en al menos unos cinco o seis milímetros, y que la mayoría de nosotros ni siquiera podríamos afirmar que nuestro error es menor que eso. Tenemos que corregir el rumbo, de regreso al original, a La Palabra de Dios. Esa es su Fuente original.

NO HAY INMUNIDAD DEL DOLOR... MÁS QUE LA SABIDURÍA

Los mentores de La Biblia no lo exonerarán de los dolores de la vida. Son dolores necesarios que ablandan el corazón, nos vuelven hacia la compasión y profundizan la humildad. Sin embargo, sentarse a diario a los pies del Señor lo guardará del sufrimiento *innecesario*. Impediría que se cause a sí mismo un dolor que no tiene por qué sufrir.

Supongamos que discute con su cónyuge. Como no sabe cómo debiera ser un matrimonio bíblico saludable, no tiene idea de cómo recomponer las cosas. Usa el método del ensayo y el error, y para cuando logra conseguir algo que sí funciona, ambos ya están muy lastimados. Caminar sin rumbo por el bosque cuando se han desviado del sendero ya marcado los deja ambos casi sin aire, desconfiados ante la posibilidad de conexión e intimidad, dudando de la sinceridad y las intenciones del otro.

Aquí también, si permanece en La Biblia todos los días, tendrá un mecanismo de autocorrección, un GPS espiritual. Con esto finamente calibrado, si algo va mal, sabemos por qué, y lo mejor de todo es que sabemos cómo corregir el rumbo antes de entrar en ese camino sin retorno.

No podemos darnos el lujo de no pasar tiempo a los pies del Señor día tras día. Como cada día traerá sus propias dificultades, el devocional no debería ser lo último sino lo primero en lo que pensamos. Lo esencial en esta vida no puede ser una carga. Tenemos que hacer que sea una dicha, un gozo... un gozo cotidiano.

No importa en qué lugar del mundo esté yo, la gente sabe exactamente qué estoy haciendo a las seis y media de la mañana del lugar que sea. Mi hijo Aarón, que ahora es un joven pastor, ha desarrollado el mismo hábito. Cada tanto lo llamo a esa hora y le digo: "¡Buenos días! ¿Dónde estás haciendo tu devocional hoy?". Y lo mismo hace él a veces, con un llamado telefónico a la misma hora. Es nuestra costumbre. Es otro de esos lazos especiales que nos unen, no importa dónde estemos.

No es que quiera que mi hijo me copie, sino que pueda recurrir cada día a la misma Fuente a la que recurro yo. Y tampoco es algo original y exclusivo de nosotros. Hay millones de creyentes a lo largo de la historia que siguieron esta costumbre. Todos obtenían y obtienen su agua viva del mismo manantial.

> Jesús salió de la ciudad y, como de costumbre, se dirigió al monte de los Olivos, y sus discípulos lo siguieron.[5]
> Él, por su parte, solía retirarse a lugares solitarios para orar.[6]

Los devocionales eran un hábito para Jesús. Pasaba tiempo a solas con el Padre. Todos los que lo rodeaban sabían que era su costumbre, y decían: "¿Jesús? Oh, sí, sé dónde está. Está en las colinas, pasando tiempo a solas con Dios. Esa es su costumbre, y nunca deja de hacerlo". La gente conocía a Jesús por las cosas que acostumbraba hacer todos los días. Era consistente, y todos lo sabían. Por eso es tan confiable.

Si alguien tuviera que describirlo a usted tomando sus hábitos como base, ¿sería el tiempo a solas con Dios uno de ellos? Puede, por supuesto, hablar bien de Dios ante una multitud, pero solamente podrá conocerlo cara a cara. Es difícil oír la voz de Dios en medio de la muchedumbre o cuando nos rodean las distracciones. Hace falta pasar tiempo a solas con Él, tiempo en que realmente podamos oír lo que hay en su corazón. Cada cultura tiene sus propias costumbres. Como pueblo de Dios, hagamos que esta sea la nuestra. Jesús la inició. Corrijamos el rumbo y volvamos a Él.

Lo que agrada a Dios

En ocasiones paso tiempo con Enoc, otro de mis mentores. La Biblia dice: *"En total, Enoc vivió trescientos sesenta y cinco años, y como anduvo fielmente con Dios, un día desapareció porque Dios se lo llevó"*.[7] Y el Nuevo Testamento nos dice: *"Por la fe Enoc fue sacado de este mundo sin experimentar la muerte; no fue hallado porque Dios se lo llevó, pero antes de ser llevado recibió testimonio de haber agradado a Dios"*.[8]

La Biblia no nos dice exactamente, pero tengo idea de que Enoc y el Señor se reunían todos los días a la misma hora. Me los imagino dando largos paseos juntos por los caminos del joven planeta Tierra; Enoc contándole a Dios lo que había en su corazón, y Dios disfrutando del tiempo de relación que había tenido con Adán y Eva cuando estaban en el jardín.

Luego llegó el día en que el Señor dijo algo así como: "Enoc, me gusta tanto esto. ¿Por qué no vienes a casa conmigo y seguiremos con esto del otro lado?". Caminar con Dios probablemente fue un hábito que Enoc cultivó desde su juventud (lo cual, por supuesto ¡podría haber sido desde los ochenta o noventa años en esa época!). Pero dejemos de lado las especulaciones. Estoy seguro de que Enoc anhelaba esos momentos. Era el mejor momento del día para él.

Formar el hábito

Un hábito como este puede ser divertido. Porque si el nuevo hábito no es algo a lo que estemos acostumbrados, podemos vincularlo a algo que nos gusta. Por ejemplo, a mí me gusta el buen café. Así que por las mañanas pido una buena taza de café y un biscocho en el bar donde hago mi devocional. En su conjunto, todo esto conforma un hábito que disfruto. Café... biscocho... mi Biblia y mi diario. Todo eso junto fluye en mi mente.

Y espero con ansias mi tiempo con mis mentores en el café. Es el mejor momento del día... y estoy seguro de que el Espíritu Santo y mis mejores amigos también esperan ese buen rato.

Anna, mi esposa, vincula su tiempo con una humeante taza de té en la quietud del atardecer. Enciende una lámpara, bebe su té, lee La Palabra y escribe en su diario. Muchas veces la veo con su Biblia, disfrutando el cierre del día. Son cálidos recuerdos que guardaré en mi corazón por siempre.

Los expertos dicen que para desarrollar un nuevo hábito hacen falta veintiún días. Quiero alentarlo para que en las próximas tres semanas aparte unos cuarenta minutos de sus mañanas o noches, y se tome el tiempo de sumergirse en La Palabra de Dios, escuchando lo que los divinos mentores han estado esperando decirle.

Recuerde que el tiempo diario con el Señor es "las escalas de práctica" del cristiano. Las misiones que Dios nos da, a usted y a mí, se harán menos difíciles en proporción a nuestra fidelidad para sentarnos cada día a sus pies, escuchando su Palabra.

La madurez espiritual llega por capas. Establezca un momento diario como una de sus prioridades en la vida. Vincúlelo con algo que disfruta hacer y luego empiece a hacerlo todos los días.

UN ARMA OFENSIVA

El sexto capítulo de Efesios describe la armadura espiritual que Dios les ha dado a sus hijos. Habla del casco de la salvación, del peto de la justicia, el cinto de la verdad, el escudo de la fe y los zapatos que son la preparación para el evangelio de la paz.[9]

¿Alguna vez notó que todas esas piezas de armadura en realidad son para la defensa? El pasaje menciona solamente un arma ofensiva o de ataque: "... *la espada del Espíritu, que es la palabra de Dios*".[10]

Si hemos de ser líderes en nuestras familias, comunidades e iglesias, entonces tenemos que convertirnos en un pueblo que sabe cómo tomar su tierra y avanzar. Para poder hacerlo con efectividad, tenemos que conocer La Palabra de Dios y saber cómo usarla. Necesitará saber dónde están los pasajes cruciales y memorizar los versículos clave.

Grato es retenerlas dentro de ti (las palabras de los sabios), y tenerlas todas a flor de labio.[11]

Use la espada del Espíritu para renovar su mente. No se trata de que compre una hermosa Biblia con hojas de filo dorado, sino de que pueda utilizarla efectivamente. Si no puede hacerlo, pasará la mayor parte de su vida a la defensiva.

Si el único objetivo de un equipo de atletas es "evitar que el otro equipo nos gane por mucho", serán historia muy pronto. Buscar que solo se pierda por pocos puntos es el objetivo del derrotista. Si lo único que hace es jugar como defensor, si todo lo que espera es evitar la vergüenza la próxima vez, seguirá perdiendo. La victoria solamente es para los que aprenden a ir a la ofensiva y alcanzar el éxito al hacerlo. Eso es exactamente para lo que La Palabra de Dios ha sido designada.

Conozca su arma

Conozca su Biblia a fondo, como si se tratara de su instrumento musical. Por ejemplo, cuando toco guitarra, quiero que sea la mía. La he configurado de tal forma que con los ojos cerrados sé dónde está cada cosa. Si tomo la guitarra de otra persona, las cuerdas están a diferente altura, el peso no es el mismo, el grosor de las cuerdas no me resulta familiar, la caja es más grande o más gruesa, y en su conjunto, el sonido que emite es distinto. Sigue siendo una guitarra, pero no *mi* guitarra.

Necesita usted conocer su Biblia y cómo navegar por ella.

La Biblia se llama a sí misma espada, y si va a usted entrar en la batalla, mejor será que conozca su arma: cómo encaja en su mano, cómo se siente blandirla y qué resultado habrá cuando la utilice. No pensaría en ir a una batalla con una espada de plástico que se compra en una juguetería. Saber lo que es una espada no tiene nada que ver con saber cómo usarla. En el fragor de la batalla, no importará si sabe usted quién publicó su Biblia o quién añadió las notas de estudio.

Lo que esté guardado en su corazón será la prueba mayor.

Cuando archivamos La Palabra de Dios en el corazón, asegurando sus palabras en los rincones internos, el Espíritu Santo promete darnos de vuelta todo lo que Él nos ha enseñado.[12] Para que Él pueda hacerlo, ante todo tenemos que guardar, almacenar la Palabra a resguardo en nuestros archivos... y entonces la tendremos a flor de labios.

¿Qué tiene usted guardado en la placa de memoria de su corazón? Si no está seguro, intente anotar en una hoja todas las referencias de Las Escrituras que haya memorizado. ¿Cuántas habrá en la lista? ¿Alguna más que Juan 3:16?

El Espíritu de Dios promete traernos de vuelta la verdad a la memoria, pero para que pueda traérnosla ¡tiene que haber algo archivado allí! Jesús estaba preparado cuando el diablo vino a tentarlo.[13] Una y otra vez, cuando Satanás le hacía propuestas tentadoras, Jesús decía: "*Está escrito*", y luego avanzaba en la ofensiva con pasajes particulares de Las Escrituras. Satanás no tuvo otra opción, más que huir.

La Palabra de Dios, la espada del Espíritu –su única arma de ofensiva en este conflicto espiritual– es la que ha de protegerlo, levantarlo, darle la fuerza y la confianza que hace falta para la victoria. Recuerde que no tenemos la sabiduría que se necesita para ganar esta batalla, por lo que tenemos que buscarla en otra parte. Ese es, exactamente, el propósito de La Biblia, la *biblos* (biblioteca) de Dios. Guárdela en su corazón y obtendrá sabiduría más allá de sus años.

TESTIMONIO PERSONAL

"*Estad quietos y conoced que yo soy Dios*",[14] nos dice el Señor.

Si hemos de oírle efectivamente, no podemos darnos el lujo de ser mezquinos en nuestros devocionales diarios. Tenemos que, como hizo María, *elegir* esa única cosa que afectará absolutamente todo lo demás. Tiene que ser algo que establezcamos y guardemos con total sinceridad. A partir de ese lugar sagrado en nuestras vidas, Dios aparecerá y nos hablará.

Con esto en mente, surgió la idea de New Hope Christian Fellowship (Comunidad Cristiana Nueva Esperanza) de Hawái. Sabía que teníamos que hacer las cosas bien. Sabía que necesitábamos oír a Dios todos los días, a cada paso. Cinco meses antes de comenzar, convoqué a nuestro administrador y dije: -Tenemos que oír de Dios, a cada paso. Así que, ¿te reunirías conmigo todas las mañanas a las seis y media para hacer juntos el devocional? Leeremos La Biblia sistemáticamente y, cuando Dios nos hable sobre un aspecto al que tenemos que prestar atención, lo anotaremos en un diario y hablaremos de lo que nos dice. Luego definiremos en qué seremos distintos hoy a causa de lo que Dios nos acaba de decir.

Estuvo de acuerdo enseguida.

Y eso fue lo que hicimos. Durante un año y medio, nos encontramos cada mañana, y de esa sagrada experiencia nació New Hope.

Hoy hacemos todo lo posible por alentar a cada uno de los que asisten a que desarrolle el hábito diario del devocional. Brindamos instrucción, compartimos historias de éxito, leemos nuestros diarios y repartimos copias de nuestro *Life Journal* (Diario de Vida). Todo esto hace que el proceso sea simple, fácil de seguir.

UN LIBRO QUE CAMBIARÁ SU VIDA

¿Ha visto la película *La historia sin fin*? La escena inicial nos lleva a un callejón donde conocemos al protagonista, un niño llamado Bastian. Con el fin de que no le molestaran los grandotes, entra corriendo en una vieja librería, propiedad de un anciano de nombre Koreander. En eso, algo le llama la atención. Hay un libro especial allí.

–¿De qué trata este libro? –pregunta Bastian.

–Oh, es algo especial –replica Koreander.

–Y bien... ¿qué es? –dice el niño curioso.

El anciano vuelve a evadir la pregunta:

–Mira, tus libros son seguros. Mientras los lees, te conviertes en Tarzán o en Robinson Crusoe.

–Es justamente lo que me gusta de mis libros –dice Bastian.

–Sí, pero después vuelves a ser el niñito de siempre.

–¿A qué te refieres?

–Escucha –Indica Koreander haciendo señas para que Bastian se acerque–. ¿Alguna vez fuiste el Capitán Nemo, atrapado dentro de tu submarino mientras el calamar gigante te ataca?

–Sí.

–¿Nunca temiste no poder escapar?

–Pero es que solo se trata de un cuento –protesta el niño.

–A eso me refiero. Los libros que lees son seguros.

Y Bastian entonces pregunta:

–¿Y ese no lo es?

Así es el tipo de libro que nos ha dado Dios. He descubierto que La Biblia no es un libro seguro. Porque cuando la leo, entro en ella... y me reta, me provoca, me cambia. Ya no puedo ser el mismo.

La Biblia no es un libro seguro. Es eterna.

La Biblia no es una idea al pasar. Es la decisión final de Dios.

La Biblia no es una historia. Es *mi* historia... *su* historia, lector.

ASEGURE SU DEVOCIONAL

:: guía bíblica:

Y esto digo para vuestro propio beneficio; no para poneros restricción, sino para promover lo que es honesto y para asegurar vuestra constante devoción al Señor (1 Corintios 7:35, LBLA).

:: ubicación en contexto

Un devocional sin distracciones... ¡ese es el mejor devocional! Es muy fácil distraerse. Hay tantas cosas que suceden que filtrar lo innecesario parece cada vez más difícil, en especial cuando lo "innecesario" se nos presenta como algo muy atractivo. Hay cosas que son buenas, pero no estratégicas, y las hay bellas, pero no eternas. Y todas pueden quedarse tal vez con la porción más grande de mi vida.

:: implementación

Las Escrituras me dicen que mi devoción a Dios es algo que debo resguardar. Como si se tratara de la cadena con candado para la bicicleta, para que nadie me la robe. O de atar el bote al muelle para que no se vaya. También así, tengo que asegurar mi constante devoción al Señor. No puedo darlo por sentado, porque si no lo aseguro, estoy invitando al ladrón que me roba, a la corriente que se lleva mi bote. Si no aseguro mi devoción a Cristo, estoy invitando al enemigo para que me la robe.

Y no solo tengo que hacer de mis devocionales un hábito, sino también salvaguardar ese tiempo. No debo permitir que las citas o las ocupaciones me roben mis devocionales. Y en lo que se refiere a la devoción en un sentido más amplio, no debo permitir que nada me haga bajar la guardia, no puedo negociar. Mi devoción a Cristo no puede verse afectada por las distracciones de las que habla Pablo (ver 1 Corintios 7): las mujeres, los asuntos emocionales ni nada de esa naturaleza. Amo a mi esposa, y también soy consistente en el tiempo que paso con Dios, al filtrar y podar de manera constante todo lo que no sea eternamente fructífero. Y al hacer esto, aseguro mi devoción sin distracciones.

:: amén, que así sea

Señor, ayúdame a salvaguardar mi tiempo contigo. Es muy fácil dejar que una cita o una actividad del ministerio tomen su lugar. Gracias por recordármelo a menudo.

CAPÍTULO 6

CINCO COSAS PARA
LA VIDA

"Así dice el Señor, el Dios de Israel:
'Escríbe en un libro todas las palabras que te he dicho...'". [1]

H ay una incontable cantidad de *bytes* de información que van y vienen
por las ondas del aire todos los días. Es que el fluir de datos parece
no acabar nunca y nos inunda. Incluso mientras lee usted estas palabras, se
halla inmerso en un mar de información, sin darse cuenta de ello: ondas de
radio, ondas gamma, microondas, señales de televisión, transmisiones de
satélite. ¡Y no las oye ni las ve a menos que las sintonice!

Estas frecuencias de información pasan a través de nosotros sin causar
dolor, sin que las detectemos. Pero gracias a la maravilla de la tecnología
moderna y con la amable ayuda de una radio o un televisor (entre otros muchos dispositivos), podemos captarlas. Entonces, las recibimos traducidas
en imágenes y datos que comprendemos. Y por eso podemos oír y ver estas
frecuencias como sonidos e imágenes digitales.

Hay, sin embargo, una frecuencia mucho más grande que la mayoría de
la gente no recibe jamás. No contiene el último éxito de la banda más famosa ni nos permite ver la telenovela de moda. Nada de eso. Esta frecuencia
está llena de dirección eterna e indispensable sabiduría.

Esta frecuencia contiene información vital sobre su futuro. Tiene la sabiduría que necesitará en las semanas, meses y años por venir. También, el
entendimiento que desesperadamente necesita usted hoy. Contiene advertencias que le ayudarán a evitar caídas y cursos intensivos sobre cómo tratar
a la gente... ¡justamente lo que necesitará mañana en el trabajo!

Isaías nos recuerda esto, y habla a partir de su experiencia y no de la
teoría:

Tus oídos percibirán a tus espaldas una voz que te dirá: "Éste es el camino; síguelo".[2]

Los mentores de Dios están allí, listos para instruir, entrenar, recordar y a veces, reprender. ¿Estamos listos nosotros para escuchar? ¿Estamos dispuestos y preparados para captar lo que nos darán? Vivimos en una sociedad acelerada, donde queremos sabiduría, pero en bocados pequeños, de a cinco segundos por vez. Pensamos que el éxito se vincula con las muchas ocupaciones. Hemos comprado el mito de la hiperactividad como sinónimo de "importancia". ¿Tiene el último modelo de celular? Oh, se ha quedado atrás. Ya salió un modelo más nuevo que ese. Y en serio, ¿en qué aspectos cambiará nuestra valía como personas un Bluetooth o una PDA[4]? Además, con todos estos dispositivos, ¿logramos escuchar más efectivamente? ¿Cumplen con lo que prometen? ¿Qué "medios" son los más efectivos para oír la voz de Dios por sobre la cacofonía de gritos, pitidos, ruegos, sonidos diversos?

Quiero mencionar cinco.

¿Está preparado para desarrollar un hábito de vida que transformará la forma en que piensa, se comunica y vive? Aquí están las tuercas y tornillos, lo básico de cómo puede efectivamente oír esa voz y obtener el coraje para seguir adelante. Yo llevo estas cinco cosas dondequiera que voy. Son mis compañeros de viaje, año tras año. No salgo de casa sin ellos.

El carpintero lleva sus herramientas. El atleta jamás olvida sus zapatillas y ropa deportiva, y el músico no deja de llevar su instrumento. Los ávidos estudiantes de la vida asistirán a la Universidad del Espíritu Santo llevando estas cinco cosas básicas:

1) La Biblia
2) una lapicera
3) su diario
4) su plan de lectura de La Biblia
5) su agenda

Cuando usted se comprometa a pasar cuarenta minutos al día a solas con Dios y planifique maximizar esos minutos, comenzará no solo a oír sino

---

4.   N. del E.: *Personal Digital Assistant* (Asistente digital personal).

a captar la sabiduría de los tiempos, como nunca antes. Son consejos prácticos, probados en el campo de acción, por creyentes de todo el mundo.

TRAIGA SU BIBLIA

Sé que suena raro, y tal vez hasta lo sorprenda, pero traiga su Biblia. Claro que a todos nos gustan los libros devocionales como *La Buena Semilla* y otros más. Pero aunque los libros cristianos, las revistas y los devocionales son maravillosos, no pueden compararse con La Biblia. ¿Por qué no? Porque La Biblia es el único libro directamente inspirado por Dios.

> Toda la Escritura es inspirada por Dios y útil para enseñar, para reprender, para corregir y para instruir en la justicia, a fin de que el siervo de Dios esté enteramente capacitado para toda buena obra.[3]

La Biblia es, por supremacía, la forma en que Dios nos habla. Si dejamos de lado ese canal primario de comunicación divina, entonces pronto nos abriremos a todo tipo de pensamiento fantasioso. ¿Recuerda a la mujer que vio una imagen de María en un sándwich tostado de queso? (hace poco, se vendió en eBay[5] por $ 28.000). O ¿sabía usted que la segunda venida de Cristo ya se ha leído en las nubes? El hombre que se hace llamar reencarnación de Jesucristo es un puertorriqueño de Houston de sesenta años (según ABC News). Es tan popular que hay cientos de ingenuos seguidores que donan dinero a su causa.

Aquí el punto es que si pasamos por alto o eliminamos el medio principal por el cual Dios nos habla, con toda facilidad nos podrán desviar. Y como hay tantas cosas que se nos echan encima a la velocidad del rayo, es crucial que hagamos cada día una cita con nuestro Señor. La Biblia es más actual que el periódico de hoy y más instructiva que el informe de Bolsa. Es más útil que cualquier programa de televisión.

Recuerde que La Biblia es el único libro que Dios ha inspirado, en todo el universo. *Inspirar* significa, literalmente, "soplar su aliento". La Palabra de Dios es la puerta de entrada al corazón de Dios, y el camino para conectarnos con aquellas personas que Él designó para nosotros. Traiga su Biblia

---

5.   Portal de la Internet, donde se compran y venden productos.

al momento del devocional. Es la llave que le abre las puertas que necesita abrir esta semana. Dios sabe cuáles son las puertas. Él se ocupará de abrirlas. Usted solo traiga la llave.

TRAIGA SU LAPICERA

Además, traiga su lapicera. ¿Por qué? Porque necesitará marcar pasajes en su Biblia. Tal vez piense: *¿Cómo voy a marcar La Biblia?* Hasta suena a sacrilegio. Sepa esto: el papel, el pegamento, la tinta y el cuero que en su conjunto conforman el volumen físico de La Biblia no son cosas santas. Lo que Dios considera santo son las verdades que esa tinta y ese papel transfieren a mi corazón. Eso sí es santo.

Y esto es lo que el Espíritu Santo trae a la vida. Cuando tomo La Palabra de Dios de esas páginas y la deposito dentro de mí, el Señor dice: "Soplaré mi aliento sobre ella. Soplaré mi aliento en tu alma. Voy a entretejer mi Palabra en el tejido de tu persona y te cambiaré, de gloria en gloria, a imagen mía".

La Biblia no es un libro mágico.

Cuando era pequeño, teníamos en la mesa ratona de la sala una enorme Biblia con hojas de filo dorado. Nadie la abría. Nunca. Solamente estaba allí, para que la viéramos. Como si por su sola presencia pudiera apartar al diablo apenas este viera su tamaño industrial.

Tenía un amigo que me dijo que de niño dormía con La Biblia bajo la almohada para que lo protegiera de las pesadillas. Es una linda idea. Pero Dios no nos promete tales cosas. Porque para que La Biblia le sea de provecho, tiene usted que tomarla, leerla y absorber sus verdades, guardándolas en su corazón.

Cuando leemos La Biblia, el Espíritu a menudo hace que un versículo o pasaje en particular salte a la vista. Cuando eso me sucede, tomo mi lapicera y lo destaco... con un círculo... un asterisco... o subrayándolo. A veces anoto la fecha también. ¿Qué es lo que hago en verdad? Sencillamente, establezco mi acuerdo con el Espíritu: "En este día, el Espíritu Santo me reveló esto".

Esta es mi pasión: todos los días de mi vida, quiero hacer todo lo que pueda por tomar los pensamientos de Dios de la tinta y el papel de La Escrituras para imprimirlos en mi alma. Entonces, Él le habla directamente a mi entendimiento y sopla su aliento de vida en mi corazón.

Cuando La Palabra está en la mesa ratona es inerte. Solo es un libro más. Pero cuando la leemos y bebemos con los ojos, el Espíritu sopla su aliento sobre ella y la inspira en nuestras vidas. Y en ese momento, dice Pablo, *"los ojos del corazón"* se iluminan.[4] La Biblia cobra vida cuando aplico su verdad a mis circunstancias y situaciones.

Así que tome una lapicera y subraye los pasajes en los que Dios parece estar centrando su atención hoy. Estará de acuerdo entonces con lo que el Espíritu obra en su corazón.

Una vez un señor me dijo: "Somos más pobres a causa de las oportunidades que hemos dejado pasar". El Espíritu Santo ya está destacando pasajes para usted. Con su lapicera, usted puede hacerle saber que ha captado la verdad ¡y que se niega a perder otra oportunidad de parecerse un poquito más a Él!

TRAIGA SU DIARIO

Un diario no es más que un simple cuaderno donde puede anotar lo que Dios le dice. Eso es llevar un diario: ¡escribir! Permítame repetirle el versículo con que abrimos este capítulo: *"Así dice el Señor, el Dios de Israel: 'Escribe en un libro todas las palabras que te he dicho'".*[5]

Tome nota de lo que dice Dios. Tome cada palabra, como oro puro. Esto le ayudará más de lo que puedo siquiera tratar de explicar. Solo recuerde que este diario no es un diario común. Es Dios que le habla a usted, cuando aparta esos cuarenta minutos diarios para su devocional. No es un lugar para ideas al azar (aunque podría ser este un ejercicio terapéutico en otro nivel). Su diario es su forma de recoger sabiduría, el lugar de reunión para el entendimiento divino que recibirá de los mentores de todos los tiempos.

¿Cómo es llevar este diario en la práctica? Verá a continuación una reproducción de lo que escribí después de leer Deuteronomio 28:47-48.

EL CORAZÓN DISPUESTO A SERVIR

:: guía bíblica

pues no serviste al Señor tu Dios con gozo y alegría cuando tenías de todo en abundancia. Por eso sufrirás hambre y sed, desnudez y pobreza extrema, y serás esclavo de los enemigos que el Señor enviará contra ti (Deuteronomio 28:47-48).

:: ubicación en contexto

Dios no quiere que solamente le sirvamos, ¿verdad? No. Él mira los motivos que hay tras mi servicio. Puedo servir por miedo a la represalia. Puedo servir por el deseo de que me aplaudan. Puedo servir para que se me note, recompense, dé crédito o reconocimiento. Pero aquí Dios dice: "No quiero que me sirvas por simple obligación. Quiero que me sirvas con corazón lleno de gozo y alegría". El motivo y el corazón que sostienen lo que hago y convierten mi acción en dadora de vida.

No es porque quiera algo. Es simplemente por el gozo de servir. Y lo que tengo entonces es el gozo que hay en mi corazón por haber servido, como mayor tesoro de todos. Cuando tengo ese motivo correcto, es como servir a mis enemigos en tiempos de hambre y sed.

:: implementación

Si los motivos por los que sirvo son incorrectos, igual sirvo. Pero cuando termine, quedaré hambriento y con sed espiritual. El servicio tiene por designio llenar mi corazón, pero si mis motivos no son los correctos, saldré vacío, cansado, agotado, exhausto y enojado porque otros no me ayudaron más... Tengo que cambiar. No mi servicio, sino el corazón con el que sirvo.

:: amén, que así sea

Padre. Mi oración es esta: por favor, sella esta verdad en mi corazón para que pueda ser un siervo sincero. Ayúdame a servir con corazón gozoso porque el gozo del Señor de veras será mi fuerza.

El noventa y cinco por ciento de todos los mensajes que predico provienen de mis diarios. Con solo sentarme a los pies del Señor y escucharlo, obtengo la sabiduría del Divino Mentor. Después de que le permito apoderarse de mi corazón, la pongo en bandeja de plata y se la sirvo a mi pueblo.

DIARIOS PARA EL CORAZÓN

Hay muchos tipos de diario. Tenemos varios en New Hope que funcionan muy bien. La gente suele preferir el clásico, que llamamos *Life Journal* (Diario de Vida). Pero también tenemos el *First Steps Journal* (Diario de los Primeros Pasos), donde hay menos material de lectura que en la versión clásica. Omite varios de los pasajes paralelos, pero busca el significado principal en las lecturas siguiendo el mismo camino.

Además está el *Children's Journal* (Diario para Niños), donde incluimos los versículos más importantes de la versión clásica. Así que mientras los niños leen tres versículos de un pasaje en particular, el adulto leerá los tres capítulos enteros de donde se han tomado esos versículos. Me gusta mucho el Diario para niños porque tiene personajes de historieta, con un perrito llamado Guipy (hablaremos del programa GUIA en el capítulo 7).

Hay un beneficio adicional en que los niños lean y lleven su diario al mismo tiempo que los adultos. Si su hija lee una porción de La Biblia, como el relato de Noé, es probable que venga y diga: "Oye, mamá. ¡Hoy leí sobre Noé y el arca!", y uno puede responder: "También yo".

Claro que uno habrá leído mucho más que la niña, pero aun así podrá conversar sobre lo que ella escribió en su diario, y ambos podrán decir qué cosas han aprendido de ese pasaje. Habrá comunión en lo que Dios nos enseña.

Una de las mejores cosas que hice con mi hijo Aarón fue compartir el devocional mientras desayunábamos juntos. Leíamos el mismo pasaje, y Aarón escogía algo que Dios le había destacado, y lo anotaba. Yo hacía lo mismo y luego hablábamos sobre cómo Dios obraba en nosotros. Es una forma muy buena de desarrollar relaciones y orar los unos por los otros.

Lo mismo puede pasar cuando el esposo y la esposa llevan su diario devocional. Dije antes que mi esposa lee La Biblia por las noches en tanto yo lo hago por la mañana. Pero varias veces a la semana, mi esposa me llama y me dije: "Amor, ¿qué sacaste de lo que leíste ayer?". Le leo lo que anoté en mi diario y luego ella me lee qué escribió.

El devocional entonces nos permite conversar sobre lo que Dios nos está diciendo, y esa experiencia fortalece el matrimonio. Nos alienta a sentarnos a los pies de Jesús con regularidad.

¿ES REALMENTE NECESARIO EL DIARIO?

A pesar de todos estos beneficios, sigo encontrando creyentes que se resisten a la idea del diario devocional. Me dicen: "Wayne, yo leo La Biblia, pero no tomo nota". Y en respuesta, suelo contarles una historia.

Hace varios años, mi amigo Jack Hayford y yo estábamos hablando en una conferencia. En ese momento, Jack era pastor de una iglesia en Van Nuys, California. Yo había tenido problemas en el ministerio y sabía que tal vez él habría pasado por cosas similares. Lo llamé a su habitación y le pregunté si podíamos encontrarnos.

–¡Claro que sí! –dijo–. Pero debo tomar mi avión dentro de una hora. ¿Podemos vernos ahora mismo?

–Sí, claro.

–Veámonos en la sala del hotel –dijo entonces.

Tomé mi cuaderno y me dirigí al ascensor. Allí estaba él, esperándome. Enseguida me recordó con toda amabilidad que solamente tenía una hora, antes de ir al aeropuerto. Durante los primeros cinco minutos, describí cuál era mi problema y le di información sobre el contexto para que pudiera entender mejor. Entonces, le dije:

–Si pudieras rebobinar la cinta, sabiendo lo que sabes ahora, ¿qué me dirías, como consejo?

Durante los siguientes cincuenta y cinco minutos me habló, y yo escuché. Ahora, vamos a ver la situación de manera opuesta. ¿Qué habría pasado si yo hubiese hablado durante casi toda la hora para luego decir: "Bueno, tienes cinco minutos para aconsejarme"? ¿Qué tipo de relación reflejaría eso? ¿Estaría honrando y respetando a mi amigo? Por el contrario, lo respeté al usar solo cinco minutos y darle libertad para que él me aconsejara. Es así como respetamos y honramos a Dios en nuestro devocional.

HONRAR A DIOS AL TOMAR NOTA

"El que tenga oídos, que oiga lo que el Espíritu dice a las iglesias."[6]

Ese día hice algo más mientras Jack Hayford me hablaba: tomé nota de lo que me decía. Llené varias páginas. Me importaba mucho su ayuda, y sabía que sus palabras no serían en vano. Sabía que Dios me hablaría a través de él y no quería desperdiciar el momento.

¿Cree que porque yo tomara notas no estaba respetándolo? Por el contrario, *al tomar notas uno está elogiando de la mejor forma a su instructor.* Para Jack en ese momento, yo hacía algo que le mostró que tomaba en serio sus consejos. Estaba yo decidido a aplicar lo que me enseñaba.

Cuando anoto lo que Dios me comunica en mi diario durante el devocional, le estoy diciendo: "Tengo intención de aplicar esto que hoy me estás diciendo". Honramos al Espíritu Santo y a los mentores que Dios eligió cuando tomamos nota mientras Él nos habla a través de ellos.

Hay personas que tienen objeciones y a veces me dicen: "Sí, entiendo todo eso, pero no tomo notas porque el diario no me ayuda de mucho". En respuesta suelo recordarle a la persona que vendrán pruebas. Si me pregunta a qué me refiero, le presento un ejemplo como este:

Imagina que juntos asistiéramos a clases de física. Imagina que yo tomo nota todo el tiempo, y tú no lo haces. Podrías decir: "¿Para qué tomas nota de todo? Yo no necesito hacerlo y solo escucho al profesor. Si asisto a clase, no necesito anotar lo que dice". Sin embargo, cuando llegue la prueba –y tenga por seguro que *las pruebas vendrán*–, ¿a quién le irá mejor?

No hay duda de que las pruebas llegarán. Y cuando escuchamos la voz de Dios en su Palabra y anotamos su sabiduría entra en nuestros corazones, capa por capa. Y cuando los momentos difíciles choquen con nuestro tranquilo y pequeño mundo, recordaremos mucho más de lo que nos dijeron nuestros tutores. Podremos conectar los puntos y navegar hacia la victoria. ¿Recuerda que en el libro de Deuteronomio Dios pidió que los reyes futuros de Israel escribieran la ley de puño y letra y la leyeran a diario? Escuche esto:

Cuando el rey tome posesión de su reino, ordenará que le hagan una copia del libro de la ley, que está al cuidado de los sacerdotes levitas. Esta copia la tendrá siempre a su alcance y la leerá todos los días de su vida. Así aprenderá a temer al Señor su Dios, cumplirá fielmente todas las palabras de esta ley y sus preceptos, no se creerá superior a sus hermanos.[7]

En mi opinión, si Dios exigió que los reyes hicieran esto, ¿no sería una idea excelente también para los hijos del Rey?

MENTORES CONFORME AL CORAZÓN DE DIOS

TRAIGA SU PLAN DE LECTURA DE LA BIBLIA

Cuando haga su devocional, asegúrese de tener un mapa o plan de lectura como guía. Si no recorre La Biblia con algo parecido a un GPS, encontrará que es muy difícil navegar por ella.

Sin un sistema de guía, ¿por dónde comenzará? Muchos vemos este libro enorme llamado La Biblia (son sesenta y seis libros en realidad) y pensamos: *¿Por dónde empiezo? ¿Por la página uno y sigo avanzando?*

Con un plan de lectura, por otra parte, tendrá un camino claro para seguir. Sin él es posible que solamente visite sus lugares preferidos. Los más novatos comenzarán con Salmos y Proverbios, y luego recorrerán Mateo, Marcos, Lucas y Juan. Luego volverán a Proverbios y después leerán un poco más de los Evangelios. Terminarán con varias páginas sin leer, las cuales contienen verdades que no descubren, tesoros que no desentierran. En el plan de "los lugares preferidos", uno seguramente termina con una visión parcial de Dios, y un conjunto de puntos a medio procesar, sobre diversos temas.

¡No deje a los mentores de Las Escrituras en el abandono, sin visitarlos!

Las personas más solitarias de La Biblia son los Profetas Menores. Casi puedo oír a alguno de ellos, quejándose: "¡Estos cristianos *nunca* vienen a mi casa! Visitan a David y a Salomón todo el tiempo. A los discípulos y a Pablo. Tal vez una vez al año visitan incluso a nuestro excéntrico primo Jeremías. Pero a *mi* casa no vienen jamás". Y de inmediato todos los demás Profetas Menores claman en acuerdo: "¡Qué pena! Preparamos tanto alimento... tenemos un banquete... y no vienen".

Utilice un mapa que lo lleve por todas las calles y callejones de La Biblia. Vaya a las casas de los profetas y encontrará que lo saludan con gusto y le presentan un banquete increíble. Los Profetas Menores tienen mensajes mayores para usted. Pero recuerde que sin un mapa del barrio, es posible que no llegue a visitarlos nunca.

El *Life Journal Bible Bookmark* (Diario de Vida de La Biblia) guía a los lectores por el Antiguo Testamento una vez al año, y dos veces por el Nuevo Testamento. Está diseñado para que los estudiantes puedan seguir su progreso día a día.

Para quienes apenas comienzan, este puede parecer un punto de partida muy ambicioso: "¿Hay otra alternativa? No sé si podría leer tres o cuatro capítulos al día". No hay problema. Comience leyendo la mitad si lo desea. Es posible que aun así esté leyendo el doble de lo que leía el año pasado. A medida que tenga más práctica, siga aumentando la cantidad de texto que lee cada día.

¿No pudo leer un día? No se descalifique, pero tampoco abandone. Todos los días, empiece leyendo la porción especificada en el plan. Es decir que si se atrasa, siga con la lectura designada para ese día y cuando tenga un poco de tiempo podrá volver a lo que se saltó. Cuando no tenga tiempo, no trate de correr. No lea lo de tres días en un momento. No conseguirá nada de su devocional ese día.

No importa cómo avance... ¡lo importante es que comience! Zambúllase. Podrá sentir algo de culpa cuando vea las casillas sin marcar de los días que no leyó, pero no permita que la culpa lo venza. Deje esos espacios en blanco y siga con la lectura para el día que corresponde. Lea despacio. Lea para comprender.

"¿Qué pasa si me atraso tres o cuatro días?" Dios estará esperándolo de todos modos, buscándolo para encontrarse allí donde usted decida buscarlo a Él. Esperando para darle instrucción y guía, para envolverlo en su amor.

¡No abandone!

Todos recordamos algún momento en que nos absorbe tanto un proyecto que ni siquiera desayunamos y trabajamos hasta la hora del almuerzo. Pero para las tres o cuatro de la tarde, el estómago protesta y nos recuerda que tenemos que comer. Entonces, nos damos cuenta de que nos hemos saltado dos comidas. ¿Qué hacemos? Uno no dice: "Bien, salté el desayuno y el almuerzo así que no comeré más. ¿Para qué si ya pasó el momento?". Claro que no. Uno espera la cena con más ganas todavía.

Y aquí sucede lo mismo. Recuerde que este es su alimento espiritual. Así que si se saltó un par de comidas, siga comiendo ese día. Luego siga avanzando. Y cuando tenga oportunidad intente leer lo que no leyó antes.

Cuando termine con su plan de lectura, sentirá satisfacción al ver que completó su camino. También es divertido recompensarse por haber hecho bien su tarea. ¡Regálese algo que le guste! (Una vez, hasta me regalé a mí mismo una motocicleta).

TRAIGA SU AGENDA

Puede sonar raro. Pero hay una buena razón para usar la agenda en el devocional. ¿Qué pasa, inevitablemente, cuando comienza su momento de encuentro con Dios? *Recuerda una tarea que no ha podido completar.* Es algo totalmente predecible.

Puede ser una cuenta por pagar, o una carta que no envió, un trabajo incompleto, un mandado que no llegó a hacer. Intenta recordar todo mentalmente y en su esfuerzo por recordar, hasta quizá use trucos como acrósticos o la repetición para evitar olvidarlo. Para cuando termina, se ha perdido la mayor parte de lo que Dios le decía. Su cerebro estaba ocupado librando la batalla contra el olvido.

La agenda puede ser del tipo calendario o una tarjeta, una servilleta, hasta un sobre usado. No importa qué use, cuando algo requiera su atención —ese llamado que no hizo, ese correo que tiene que revisar, el mandado que su esposa le encargó— anótelo allí. Luego, enseguida podrá volver a su lectura sin problemas.

Cuando no tiene que utilizar su mente para recordar cosas triviales, tampoco las cosas triviales tienen que ocupar su mente. Podrá dedicar toda su energía a lo que Dios quiere decirle en su Palabra. Y adivine qué... cuando haya terminado tendrá una gema preciosa de Dios, y todas esas cosas triviales estarán todavía allí, esperando pacientemente.

Su corazón se habrá beneficiado, y su mente también. Además, su esposa estará contenta porque habrá cumplido con su encargo. ¡Todo funciona de maravillas!

FUERZAS PARA LOS DESAFÍOS POR VENIR

Si no ha sucedido ya, habrá un día en que su mundo se cerrará y lo ahogará como si estuviera ahorcándolo. Habrá errores que amenazarán con robarle su confianza. Podrá enfermar, y un oscuro telón se cerrará ocultando la luz de la esperanza. El dolor le apretará la garganta, con dedos de hierro. Y se preguntará hacia dónde ir, qué hacer.

Pero como ha estado con David en Siclag, con Moisés en el Sinaí, con Pablo en Atenas y con Ester en Persia, sabrá qué hacer. *"Ya sea que te desvíes a la derecha o a la izquierda, tus oídos percibirán a tus espaldas una voz que te dirá: 'Éste es el camino; síguelo'".*[8] Será esa la voz de Isaías, uno de los mentores divinos a los que conoció en el camino.

Cuando se comprometa al devocional diario, esté preparado. No necesita empacar abrigo si viaja a Hawái ni tampoco irá a una cena de gala vistiendo un pijama, ¿verdad? Necesita prepararse con cinco cosas para encontrarse con sus divinos mentores.

1) La Biblia
2) lapicera
3) diario
4) plan de lectura de La Biblia
5) agenda

Estas cosas le ayudarán a guardar la sabiduría de los siglos en su corazón. No puede darse el lujo de no embarcarse en este viaje hacia el pasado, guiado por mentores escogidos que esperan acompañarlo. El consejo del Señor abrirá nuevos mundos de entendimiento. Y sus advertencias le ahorrarán años de tiempo desperdiciado, en tanto que el ánimo que Dios le dará será como un rayo dorado de sol que rompe la oscuridad de los nubarrones.

RIQUEZAS MÁS ALLÁ DE LO QUE PODAMOS IMAGINAR

¿Cómo podríamos asignarle un valor al tiempo que pasamos con Dios? Nadie jamás podría calcular el tesoro del consejo de Dios, que nos llega a través de Lucas, Josué, Sansón y otros más. ¿Quiere compararlo con el oro? Vale mucho más que eso. Cada día de nuestras vidas, Dios nos espera con más todavía. *"Mi fruto es mejor que el oro fino; mi cosecha sobrepasa a la plata refinada"*.[9]

SE REQUIERE ACCIÓN PERSONAL

:: guía bíblica

Tampoco yo echaré de su presencia a ninguna de las naciones que Josué dejó al morir. Las usaré para poner a prueba a Israel y ver si guarda mi camino y anda por él, como lo hicieron sus antepasados (Jueces 2:21-22).

:: ubicación en contexto

No se nos dará todo hecho. Es maravilloso, sí, que se nos hayan dado tutores comprometidos, padres que nos aman o ¡el privilegio de que nos enseñen los mejores entrenadores! Pero en verdad, hay mucho en la vida que requerirá de nuestra participación, como si se tratara de un juego para armar. Tenemos las partes, pero de nosotros dependerá el armado.

El gobierno nos brinda educación pública, pero cada uno de nosotros es responsable de convertir eso en sabiduría y carácter. Uno puede encontrar un cónyuge, pero tendrá que ser responsable de la felicidad de su matrimonio. Uno puede tener un hijo, pero para criarlo bien tendrá que actuar. Puede uno obtener un empleo, pero el éxito y el progreso es cuestión de "hágalo usted mismo".

Israel quería que se le entregara todo, sin tener que actuar.

:: implementación

También nosotros somos así muchas veces. No queremos orar y solo queremos los beneficios que vienen porque otros oran por nosotros. No queremos hacer el sacrificio necesario para que nuestro matrimonio goce de buena salud. Solo queremos los resultados.

Dios siempre deja algo para que hagamos, porque sin ello nuestros corazones no maduran, son ingenuos, propensos a desviarse. Así que, permite que debamos enfrentar problemas para enderezar nuestros pasos. Un par de inconvenientes que hacen que bajemos la frente y toquemos el suelo con las rodillas. Son esas las marcas del hombre o la mujer que Dios utilizará: *los de ojos húmedos, los de rodilla hincada, los de corazón contrito... sanados por su gracia.*

:: amén, que así sea

Padre, yo decidí formar parte de este pueblo. Gracias por las batallas que me dejas pelear para que las gane... porque al hacerlo, conquistas mi corazón. Solo por la humildad, este puede estar preparado para darte la bienvenida.

CAPÍTULO 7

GUÍA

"El que cree que sabe algo, todavía no sabe como debiera saber".[1]

P ara seguir creciendo durante toda la vida, es esencial que aprendamos continuamente. La experiencia por sí sola no garantiza el aprendizaje. Lo que transformará el futuro de cada persona será lo que aprenda *a partir* de su experiencia. Y por otra parte, el futuro no se compone de la suma total de todas las experiencias, sino de *cómo las definamos.*

¿Qué diccionario de la vida utiliza usted? ¿Qué significado le da a cada suceso?

Recuerde que el sufrimiento lo hará cambiar, pero no necesariamente para bien. Debe decidir cambiar para mejor, y no para convertirse en una persona amarga. Siempre busque que su aprendizaje sea mayor que su experiencia, al definir cada suceso, cada problema desde el punto de vista bíblico. Esto le ahorrará años de reparaciones y kilómetros de puentes incendiados.

La Biblia es el diccionario de vida escogido por Dios. José le ayudará a convertir la traición de un familiar en un futuro promisorio. El rey David le ayudará con la rebeldía de un hijo. Moisés ayudará a los líderes con personal quejoso. Abigail alentará a las que tengan esposos necios.

EL PRERREQUISITO PARA APRENDER

En New Hope hemos hecho cantidad de cosas a lo largo de los años para contribuir al crecimiento de nuestra iglesia, pero hay algo que hemos hecho todos, por encima de cualquier otra cosa. No tiene que ver con la demografía, ni con la ubicación ni con un estilo de adoración como punto de partida. Tiene que ver con el desarrollo de un programa de autoalimentación, por medio de un sencillo sistema de devocionales diarios.

Hace un tiempo, leí en una revista médica unas palabras muy convincentes: *la salud de la Norteamérica del siglo xxi ya no se verá determinada por lo que las personas puedan lograr que los médicos hagan por ellas, sino por lo que los médicos logren que la gente haga por sí misma.* La autoalimentación será el corazón del cristiano saludable y el corazón de una iglesia saludable en este siglo.

Será, a diario, lo que cada uno de nosotros registre de la instrucción bíblica que contiene siglos de sabiduría y lo que cada uno aplique como ungüento a los problemas de relación y a los golpes y cortes de la vida.

En el centro de este programa de registro de un diario devocional, hay unas siglas muy fáciles de recordar:

G = Guía bíblica en Las Escrituras

U = Ubicación de contexto

I = Implementación

A = Amén, que así sea

Quiero explicar cómo funciona el plan GUÍA. Es un sistema básico cuyos resultados pueden ser profundos. Y le ayudará a ser productivo desde el principio.

Para ubicarlo en escena, cito las bellas palabras del Salmo 119:9 en la versión RVR 1960, y que nos recuerdan de qué trata la GUIA: *"¿Con qué limpiará el joven su camino? Con guardar tu palabra".*

G = GUÍA BÍBLICA EN LAS ESCRITURAS

En el último capítulo, vimos que un plan de lectura de La Biblia nos da material para leer cada día del año, en los dos Testamentos. Al avanzar con el plan de lectura cada día, pídale al Señor que le otorgue entendimiento sobre un texto en particular.

Es una oración que al Espíritu Santo le encanta responder.

Él le mostrará un versículo o pasaje que le hará detenerse o parecerá sobresalir entre los demás. Y susurrará: *Esto es para ti, es una promesa a la que puedes aferrarte* o *Esta enseñanza te ayudará a enderezar tu camino.* Sea cual sea el texto, anótelo en su diario. Copie el versículo en el margen superior de la página de ese día.

¿Por qué es tan importante concentrarse en un versículo o pasaje corto, en lugar de centrar la atención en un pasaje largo? ¿Por qué le recomiendo tanto que encuentre esas palabras que el Espíritu le está indicando? Es sencillo y lo he visto una y otra vez: si intenta captar más que eso, le garantizo que para fin de año *no recordará nada*. En cambio, si se concentra día tras día en un pasaje o versículo a la vez, para el 31 de diciembre tendrá más de trescientas sesenta y cinco gemas guardadas en su corazón. ¡Y eso no tiene precio!

Al interactuar de esta manera con el Señor a través de su Palabra, estará oyendo su voz profética. Podrá empezar a tomar decisiones permanentes basándose en la sabiduría eterna y no en los obstáculos temporales.

¡Deje que La Palabra de Dios lo sostenga! Desarrolle la disciplina del devocional diario, y no permita que nada la derribe.

Durante esa época en que casi dejo el ministerio, terminé pasando algo de tiempo en un monasterio "de clausura" de California, para recuperar mi equilibrio físico y espiritual. Aunque tenía frita la psiquis, y mis energías se habían agotado, seguí con mis devocionales. Si no hubiera sido por las disciplinas que fui desarrollando a lo largo de los años, dudo de que pudiera haber encontrado mi camino a casa.

Allí, cuando estaba al borde de dejarlo todo, el Señor me habló otra vez a través de Jeremías: *"Pero yo no me he apresurado a abandonarte y dejar de ser tu pastor"*.[2] Esa fue la profética Palabra de Dios para mí.

En medio de esa época oscura y árida, ese versículo le habló a mi corazón más que lo que pudieran haberle hablado volúmenes enteros de elocuente verborrea. Y ese versículo siempre ilustrará para mí la verdad de este otro: *"Como naranjas de oro con incrustaciones de plata son las palabras dichas a tiempo"*.[3]

Permita que Dios le hable esa palabra específica para usted, al centrarse en una idea principal de cada lectura diaria, y no en cinco, diez o una docena.

Una sola cosa.

U = UBICACIÓN EN CONTEXTO

La pregunta no es: "¿Dios habla?", sino: "¿Estoy escuchando?".

Para oír lo que Dios tiene para decirle, debe usted aquietar su corazón. Apartar las exigencias que lo presionan. Apagar todas sus distracciones electrónicas. ¡Dios rara vez grita para que podamos oírle!

Y el Espíritu destaca ese único pensamiento, por lo que tenemos que observar con atención qué dice ese versículo. Piense en el interlocutor original y en por qué se escribió ese texto. Piense en el significado, el tono, el propósito. Tómese unos minutos para meditar en él y permita que su corazón se empape con el mensaje.

El primero y más importante de los mandamientos, según Jesús, es: *"Ama al Señor tu Dios con todo tu corazón, con toda tu alma, con toda tu mente..."*.[4] Eso significa que Dios no quiere que su mente esté divagando cuando escuche su voz.

¿Alguna vez notó que con frecuencia Dios requiere en Las Escrituras que sus siervos "observen" algo para que aprendan de ello una lección divina? Vea estos ejemplos:

Observa a los que son íntegros y rectos: hay porvenir para quien busca la paz.[5]

Fíjense cómo crecen los lirios. No trabajan ni hilan; sin embargo, les digo que ni siquiera Salomón, con todo su esplendor, se vestía como uno de ellos.[6]

Así fue con Abraham: "Le creyó a Dios, y esto se le tomó en cuenta como justicia". Por lo tanto, sepan que los descendientes de Abraham son aquellos que viven por la fe.[7]

Jesús se sentó frente al lugar donde se depositaban las ofrendas, y estuvo observando cómo la gente echaba sus monedas en las alcancías del templo. Muchos ricos echaban grandes cantidades. Pero una viuda pobre llegó y echó dos moneditas de muy poco valor.[8]

Esta es su oportunidad para observar con atención y considerar. Piense en el mensaje que Dios destacó para usted aquí. Y anote de puño y letra lo que observe. Tal vez sea solamente un párrafo o un par de frases. Lo que importa es que tome lápiz y papel y ubique en contexto con sus observaciones lo que está sucediendo, a quién afecta y por qué sucede. Esto aumentará su comprensión y hará que desarrolle su capacidad de observación.

I = IMPLEMENTACIÓN

Después de haber observado con atención lo que dice el texto, tómese un poco de tiempo para anotar cómo piensa poner en práctica la lección que el Divino Mentor acaba de mostrarle. *¿En qué será hoy diferente usted, como resultado de lo que acaba de leer?* La implementación y aplicación resumen la respuesta a esta pregunta: *¿En qué se aplica a mí este versículo o idea?*

La implementación es parte crucial de este proceso, porque sin ella, solo estaría acumulando datos, detalles, bocaditos de conocimiento. ¿Recuerda lo que pensaba el Señor Jesús sobre ese tipo de conducta? En una clásica confrontación con los fariseos, dijo: *"Yo sé que ustedes son descendientes de Abraham. Sin embargo, procuran matarme porque no está en sus planes aceptar mi palabra".*[9]

¿Ha meditado en la ironía de la relación de los fariseos con Jesús? Eran judíos de *bona fide*, con pedigríes impresionantes. Pero se complotaban para violar el sexto mandamiento, y luego pergeñaron un plan para que fueran los romanos quienes cometieran el asesinato, y quitaron el cuerpo de Jesús de la cruz antes del día sábado para que los judíos no profanaran ese día.

Es asombroso. Los fariseos tenían grandes conocimientos y les resultaba íntimamente conocida la Palabra de Dios en todos sus detalles... ¡Pero nunca llegaron a aceptarla por falta de entendimiento!

Acumular conocimientos bíblicos sin el compromiso de aplicar La Palabra de Dios en la vida del día a día solo puede llevarnos a malinterpretarlo todo. Pablo nos dice además: *"... es cierto que todos tenemos conocimiento. El conocimiento envanece, mientras que el amor edifica. El que cree que sabe algo, todavía no sabe como debiera saber".*[10]

Santiago crea una inolvidable metáfora para decir lo mismo:

> El que escucha la palabra pero no la pone en práctica es como el que se mira el rostro en un espejo y, después de mirarse, se va y se olvida en seguida de cómo es. Pero quien se fija atentamente en la ley perfecta que da libertad, y persevera en ella, no olvidando lo que ha oído sino haciéndolo, recibirá bendición al practicarla.[11]

Es la aplicación, la implementación de La Palabra de Dios lo que la sella en nuestros corazones. Esto establece la diferencia entre oír la voluntad de Dios y *hacer la voluntad de Dios*. La aplicación es lo que separa al discípulo del charlatán, al seguidor del que aplaude y sigue su camino. La aplicación establece en qué será diferente la vida a causa de lo que uno acaba de leer.

Entra en juego una fuerza potente cuando unimos "lo que creemos" con "cómo vivimos". Una de las peores dolencias de la cristiandad es el fenómeno de que se vive de manera diferente a aquello en lo que se cree. La incongruencia es una de las mayores causas de la ansiedad, porque defendemos una cosa, pero vivimos otra.

- Sabemos todo lo que hay que saber sobre el amor, y aun así no somos conocidos por dar amor.

- Sabemos todo lo que hay que saber sobre el gozo, y aun así no hay gozo en nuestros hogares.

- Sabemos todo lo que hay que saber sobre el perdón, y aun así no sabemos perdonar.

Hace años un pastor amigo mío estaba envuelto en una aventura amorosa. Cuando por fin salió el asunto a la luz, lo reprendieron, lo despidieron y debió someterse a disciplina y asistir a sesiones de consejería. Un día, como amigo, lo llamé y le pregunté: "¿Cómo pudiste hacer eso?".

Me contestó: "Wayne, ya no necesito que más personas me condenen".

Le reaseguré sobre mi afecto y amistad, pero le dije que necesitaba saber cómo podía soportar el dolor continuo de un estilo de vida tan inconsistente con su mensaje.

Jamás olvidaré su respuesta: "Wayne –dijo con un suspiro de pena–, no estaba leyendo La Biblia para la vida. Solo la estudiaba para sacar de ella material para mis sermones. Encontraba lo que quería y lo daba como mensaje el domingo siguiente. Apenas encontraba algo que pudiera transmitir, consideraba que allí terminaba mi trabajo. No lo grababa en mi corazón y por eso sentía hambre aun cuando era capataz del huerto".

El conocimiento por sí solo no garantiza crecimiento. Pero con ayuda de Dios, podemos sintonizar las lentes del conocimiento y la implementación. Así todo se hace más claro, y podemos centrar la mirada. Una de las bendiciones más grandes es la promesa a quienes aplican lo que saben: *"¿Entienden esto? Dichosos serán si lo ponen en práctica"*.[12]

A = AMÉN, QUE ASÍ SEA

La etapa final de su registro en el diario devocional será su oración. Puede ser sencilla, como: *Señor Jesús, ayúdame a ser de los que escuchan tu Palabra. Hoy me tomaré tiempo para oír qué me estás diciendo. Habla, Señor, que tu siervo oye.* Termine su devocional, su tiempo en La Palabra, con una oración sincera. Pídale a Dios que le ayude a aplicar lo que acaba de aprender. ¡Y no olvide decirle cuánto agradece el poder de su Palabra!

Hay personas que objetan la oración escrita, pero para mí es una forma maravillosa de cimentar todo eso que acaba de entrar en mi mente y en mi corazón. Y evite anotarlo con palabras sueltas. ¡No son apuntes de escuela! Escriba todo lo que Dios le ha dicho, porque cuando deba transmitirlo volverá todo en conjunto, incluso la oración que le ofreció a Dios en su momento.

A veces cuando vuelvo a leer mis diarios, leo la porción de la oración y siento convicción a partir de lo que oré. Muchas veces le pedí a Dios que me devolviera el corazón que tenía cuando escuché su voz por primera vez. Con los años, nuestro corazón cambia y se puede volver duro, con callos. Al releer nuestras propias oraciones, recordamos lo que es el corazón maleable, blando como arcilla en las manos del Creador.

Al escribir su oración, le sugiero que vuelva a leer el pasaje que copió en el margen superior de la página y que le dé un título. Tal vez haya destacado Mateo 10:27, por ejemplo: *"Lo que les digo en la oscuridad, díganlo ustedes a plena luz; lo que se les susurra al oído, proclámenlo desde las azoteas".* Podrá darle el título de "Escuchar" u "Oídos que escuchan". Anótelo como título para ese día. Ahora tiene usted una gema en proceso de producción. Al aplicarla en la vida cotidiana, esta gema producirá en usted fe vibrante y verificable.

Contenidos

Finalmente, es importante también añadir una breve nota al frente de su diario sobre lo que Dios le ha hablado y en qué momento. El *Life Journal* brinda ese espacio, bajo la sección "Contenidos".

En su lista de contenidos, anote el título que le dio a lo registrado cada día, junto con la referencia bíblica, la fecha y la página del diario. Si tres meses después, usted me pregunta lo que me ha estado diciendo Dios, puedo ir a la lista de contenidos del diario y encontrarlo en unos segundos. Y todo lo que Dios me habló volverá. Allí tengo un registro de la sabiduría de Dios, personalizada y directamente para mi corazón. Nadie puede quitármelo. Cuando Dios destaque un versículo o pensamiento en sus lecturas diarias, úselos como GUÍA: Guía bíblica, Ubicación en contexto, Implementación y Amén, que así sea. Luego, registre todo eso en su lista de contenidos. Entonces, le dará a la verdad de Dios las raíces que necesita para germinar en su alma y podrá ir formando un recurso espiritual que enriquecerá su vida en los años por venir.

EL MEJOR MOMENTO

A lo largo de los años, muchos me han preguntado cuál es el mejor momento para el devocional diario. Digo siempre algo básico: *el mejor momento para el devocional será su mejor momento.* Yo soy, básicamente, una persona que funciona mejor por las mañanas, así que mi devocional es a las seis y media, cada día. En ese momento, estoy mejor que durante el resto del día.

Anna, por otra parte, prefiere las noches. Por lo general, hace su devocional después de que se escondió el sol, porque quiere darle al Espíritu Santo los mejores momentos de su día. Es así como crece más, retiene más y comprende más.

Su cerebro funciona a todo motor a las siete de la tarde, en tanto el mío a esa hora ya está cerrando las persianas, y con cada segundo me vuelvo menos funcional. Para las diez de la noche, casi estoy en coma.

Mi esposa y yo tenemos horarios distintos y ritmos biológicos diferentes. No hay nada malo en eso. No creo en la idea de que una fórmula determinada pueda aplicarse a todos, que diga que un devocional realmente bueno solamente puede hacerse por las mañanas. Que su devocional sea en el momento determinado por usted según su propio ritmo. Cuando pueda darle a Dios lo mejor de sí, entonces el aprendizaje será más provechoso.

CREAR TIERRA FÉRTIL

Al usar este simple método GUÍA para llevar su devocional diario, estará creando tierra fértil en su corazón. Dios plantará allí una semilla, que pronto germinará, y el árbol comenzará a dar fruto:

Dichoso el hombre
que no sigue el consejo de los malvados,
ni se detiene en la senda de los pecadores
ni cultiva la amistad de los blasfemos,
sino que en la ley del Señor se deleita,
y día y noche medita en ella.
Es como el árbol
plantado a la orilla de un río
que, cuando llega su tiempo, da fruto
y sus hojas jamás se marchitan.
¡Todo cuanto hace prospera![13]

OVEJAS QUE BALAN

:: guía bíblica

Cuando Samuel llegó, Saúl le dijo:

—¡Que el Señor te bendiga! He cumplido las instrucciones del Señor.

—Y entonces, ¿qué significan esos balidos de oveja que me parece oír? —le reclamó Samuel—. ¿Y cómo es que oigo mugidos de vaca? (1 Samuel 15:13-14).

:: ubicación en contexto

Dios le ha dado a Saúl instrucciones de que debe erradicar por completo a los amalecitas. Pero Saúl decide qué debe ser eliminado y qué no. Fuera por codicia o por algún motivo emocional, sentía que su evaluación personal era superior a la de Dios. Cuando llegó Samuel, Saúl se estaba esforzando por parecer eficiente y obediente, pero detrás de él se oían ruidos que mostraban su desobediencia.

:: implementación

Dios nos señalará qué es lo precioso y qué no lo es. Como Saúl, puedo tener la tendencia a "mejorar" los decretos divinos, pero no debo hacerlo. Debo permitir que Dios sea quien establezca mis prioridades. Eso me dirá qué destrezas debo desarrollar y aun qué riesgos correr. En el final, Dios no me pedirá cuentas tanto de lo que hice *sino de cuánto hice de lo que me pidió que hiciera.*

Mi tiempo es limitado, y también tienen límite mis energías para poder ajustarme a las prioridades eternas, así que recogeré las instrucciones de Dios y las registraré, recortando toda actividad innecesaria para seguirlo con todo el corazón. Y entonces podré decir confiado: "He cumplido las instrucciones del Señor", sin oír el balido de las ovejas detrás de mí.

:: amén, que así sea

Querido Padre, por favor, ayúdame en esto tan esencial para la vida, de manera que sepa yo podar todo lo que no se corresponda con tus prioridades. Dame fuerzas para decir que no a las oportunidades que tal vez presenten grandes promesas, pero que al mismo tiempo, pudieran apartarme de tus planes. Ayúdame a cumplir tus mandamientos sin el balido de las ovejas como fondo.

Cuando Dios planta una semilla en el suelo fértil de un corazón obediente, por cierto crecerá hasta convertirse en algo fructífero. Por otra parte, el corazón que se aparta de La Palabra de Dios se endurece, y cuando Él deja caer allí una semilla, le tomará semanas... meses... y hasta años germinar. El suelo duro no es productivo. Aun la lluvia misma, que tiene por designio satisfacer la sed de la tierra, podrá arrastrar la semilla al fluir por el suelo duro, llevándola con su potencial hacia tierras más blandas. ¿Recuerda lo que le pasó al siervo holgazán y miedoso de la parábola de los talentos? El amo dijo: *"Quítenle las mil monedas y dénselas al que tiene las diez mil"*.[14] El suelo duro puede dar como resultado que lo que uno tiene le sea quitado para que se le dé al suelo fértil de manera que pueda dar buena cosecha.

Mantenga su corazón en condiciones óptimas al interactuar con el Espíritu de Dios y con quien Él elija para que sea su mentor divino en este día. Habrá momentos en que no entenderá la mayor parte de lo que acaba de leer. No se desanime. No estará solo en este dilema. Y hay una solución sencilla para eso: no anote en su diario el noventa por ciento que no entiende, sino el diez por ciento que sí puede comprender. Si no somos fieles con el diez por ciento que entendemos, ¿por qué nos revelaría Dios el noventa por ciento que todavía no comprendemos? Cuando somos fieles con lo que sabemos, Él se deleitará en revelarnos lo que todavía no sabemos.

Que la aventura de su vida comience ya.

CAPÍTULO 8

PAN FRESCO

"Yo soy el pan de vída —declaró Jesús—.
El que a mí víene nunca pasará hambre...".[1]

Molokai no es la isla que elige la mayoría de los visitantes cuando planifican sus vacaciones en Hawái. Tal vez debieran hacerlo. En especial si, al igual que a mí, les gusta el pan fresco. Yo voy de visita a Molokai con frecuencia. Y cada vez que voy, paso por la Panadería Kanemitsu. No paso solo para comer un pastelito. Junto con muchos otros, me quedo a medianoche en un callejón adyacente. Y en más o menos una hora, se forman largas filas ante una puerta ya bastante arruinada, para oler uno de los aromas más encantadores en medio de la noche estrellada. Es el olor del pan horneándose. ¡Ah! No hay nada parecido en el mundo. El solo aroma del pan puede darle a uno coraje para estar en este oscuro callejón en medio de la noche.

En un momento determinado, un empleado abrirá la puerta, y el callejón se llenará del fragante aroma que sale por del interior. El hombre mirará a la gente y le preguntará al que está primero en la fila: —¿Qué tipo de pan quiere llevar?.

Algunos sacarán del bolsillo un lista y repetirán el pedido que mamá anotó en el papel. Otros solo comprarán lo suficiente como para satisfacer el apetito de esa noche: relleno de jalea, de centeno, agrio o alguna de las exclusivas variedades hawaianas.

—Entendido, dirá el empleado antes de cerrar la puerta.

Unos minutos más tarde, la puerta se abrirá de nuevo. Yo he pedido una hogaza de pan de trigo y otra de arco iris, que es una hogaza con varios colores de masa. Ese pan tibio y blando cambiará de manos y con gusto le pagaré al anónimo agente, que luego desaparecerá tras la puerta vetusta.

Cada noche hay más o menos treinta personas haciendo fila en el callejón, todos esperando su porción de pan fresco: un desayuno especial, un regalo para su familia que vive en una isla vecina o, sencillamente, un bocado delicioso para saborear a medianoche.

En todo el mundo, quien tiene hambre se siente atraído por el olor del pan recién horneado... pero se trata de un pan diferente. Este alimenta los corazones hambrientos. Es el pan de vida del mundo.

El pan fresco, este Pan de Vida, llena nuestros huecos. Responde las preguntas que hay en nuestras almas y satisface el vacío de nuestros corazones. Este pan es primero para comer y luego para compartir. Uno de mis mentores favoritos lo confirma: *"Al encontrarme con tus palabras, yo las devoraba; ellas eran mi gozo y la alegría de mi corazón..."*.[2]

NO HAY NADA PEOR QUE EL PAN DURO

A Dios le gusta mucho el pan fresco. No le gusta el pan duro porque sabe que no puede darnos la nutrición que necesitamos. Podría darnos opiniones y argumentos, pero no mueve el alma ni transforma nuestras acciones.

El Señor nos llama a venir a diario a la *Panadería de Maná* para comer pan fresco, esperando en fila ante las antiguas puertas del cielo, mientras el aroma dulce y hogareño se filtra y llena el aire.

Fue esta la memorable lección que les enseñó Dios a los antiguos israelitas. Mientras se alejaban de la esclavitud de Egipto hacia una nueva vida en la Tierra Prometida, el Señor les daba pan fresco todas las mañanas. Maná, como lo llamaban ellos. Este maná contenía todas las vitaminas y los nutrientes que podían necesitar. Tenía un sabor dulce, como de nuez. El salmista lo llamó *"pan de ángeles"*.[3]

Este pan fresco celestial, sin embargo, tenía otra propiedad muy notable: no se podía guardar. Uno no podía depender de las sobras de ayer. Había que recogerlo cada mañana.

Voy a hacer que les llueva pan del cielo. El pueblo deberá salir todos los días a recoger su ración diaria. Voy a ponerlos a prueba, para ver si cumplen o no mis instrucciones.[4]

Algunos de los israelitas más obstinados ignoraron las instrucciones de Dios. Intentaron almacenar esta provisión divina. Vea qué sucedió entonces:

Hubo algunos que no le hicieron caso a Moisés y guardaron algo para el día siguiente, pero lo guardado se llenó de gusanos y comenzó a apestar.[5]

Es decir que su desobediencia olía mal, ¡y todos se daban cuenta! Hay algo extraño en el pan fresco. Porque el adjetivo "fresco" nos indica que hay un límite de tiempo. Es como un amanecer dulce y hermoso. Uno no puede seguir durmiendo para verlo más tarde. Es fresco en ese momento. Déjelo para después, y muy pronto la luz del día se habrá tragado la belleza dorada de esos minutos, y ya es hora entonces de empezar con las ocupaciones diarias.

¿Alguna vez estuvo de visita en un pueblo o iglesia donde haya habido un gran reavivamiento, para encontrar que ahora solo es un lugar mohoso, un viejo museo? Ya no tiene vida. Ya se esfumó el entusiasmo. Ya no hay multitudes, sino unos pocos fieles. Y el lugar huele a madera vieja y alfombras estropeadas por la humedad. Un amigo mío me contó de su visita a una aldea de Gales, donde en 1904 el Reavivamiento Galés se había extendido como fuego en un bosque. Le entristeció ver que una de las iglesias de piedra construidas en esa época ahora se usaba como granero, solo una vieja cáscara sin ventanas ni puertas, donde se guardaban parvas de heno. Esa iglesia antes daba pan fresco. Ahora, estaba llena de paja.

Por una buena razón, Jesús nos instruye a orar: *"Danos cada día nuestro pan cotidiano"*.[6] El Señor quiere que vengamos a Él cada día para lo que necesitemos, *ese día*. En ningún lugar, nos indica que oremos por nuestro pan semanal, o mensual o anual. Nos creó de manera que necesitemos pan fresco cada día, y no hay nada más que el pan fresco de todos los días para satisfacer nuestras almas.

PORQUE LA VIDA ES MUY "DIARIA"

¿Conoce usted alguna otra razón importante por la que necesitamos pan fresco, por lo que tiene que ser prioridad para nosotros venir cada día para aprender del Mentor Divino?

Es que todos tendemos a apartarnos, a desviarnos.

Rara vez nos perdemos de la noche a la mañana. Vamos desviándonos y eventualmente nos dejamos llevar por las olas, a la deriva, y por lo general es un proceso que lleva algo de tiempo. Si oímos la voz de Dios todos los días, esa tendencia tendrá su contraparte. Como declara La Palabra:

"Por eso es necesario que prestemos más atención a lo que hemos oído, no sea que perdamos el rumbo".[7]

¿Cómo lo hacemos entonces? ¿Cómo "prestamos más atención"? Al someternos cada día al Espíritu Santo, nuestro Mentor Divino, pidiéndole que nos enseñe, nos guíe y nos corrija.

Con cada día que pasa, temo que mi ignorancia es más profunda que el día anterior. Aun así el Espíritu sigue junto a este estudiante, sin claudicar, enseñándome como amoroso tutor. Es durante esos momentos definitorios en silencio ante Él que puedo llegar a encontrarme a mí mismo. Y veo que ni siquiera estoy listo para la vida, y ni qué hablar sobre estar preparado para cumplir con la misión que Él tiene para mí.

Es una realidad que asusta, pero que también restaura, porque cada vez que me detengo ante el espejo de su Palabra, vuelvo a encontrar su poder y vuelvo a recordar mi fragilidad. Debo hacerlo con frecuencia porque olvido muy rápido. Debe ser a diario porque mi alma suele conectarse más conmigo mismo que con lo sagrado.

El pan fresco es el alimento cotidiano de mi alma... y de la suya, lector.

Sigamos junto a la puerta

Dios quiere que permanezcamos cerca de Él, acurrucados en su presencia... que nos quedemos junto a la puerta desde donde se reparte el pan fresco. Si solo leemos La Biblia cuando tenemos necesidad, la conclusión natural es que terminaremos a la deriva. No oiremos la voz de Dios día a día y por lo tanto ni siquiera notaremos que estamos flotando sobre las aguas, más y más lejos de su Hijo.

Pero si entramos en La Biblia todos los días y llevamos en nuestro diario un registro de las instrucciones y los consejos que se nos ofrecen, obtendremos la sabiduría necesaria para corregir el rumbo. Tenemos que permanecer junto a la puerta de la panadería.

*"Dichosos los que me escuchan y a mis puertas están **atentos cada día**".*[8]

Al leer este versículo vuelvo a verme ante la puerta de la panadería de Molokai... de pie bajo el cielo estrellado, esperando que aparezca el encargado de preguntar: "¿Qué tipo de pan desea llevar? ¿Y cuánto?".

Hay algo que tenemos que saber: todos nos apartamos *aunque sea un poco*, porque aún vestimos carne humana. Debemos contender con ello y abatir la naturaleza torcida y de pecado que nos acompañará en nuestro viaje por esta vida. Sin embargo, si nos reunimos con los mentores divinos a diario podremos efectuar las correcciones necesarias, con aumentos graduales, para no tener que pasar por el dolor de un ajuste mayor más tarde. Tenemos que detenernos cada tanto, porque sin verificar la brújula que nos asegure que vamos bien, podríamos apartarnos y alejarnos cada vez más. Entonces nos daremos cuenta del error de cálculo cuando ya sea demasiado tarde.

ENTRAR EN LA BIBLIA

"Leer La Biblia" y "entrar en La Biblia" son dos experiencias completamente distintas. Porque al *leer* La Biblia, uno se entera de datos, conoce la historia. Pero al *entrar* en La Biblia, uno se convierte casi en la sombra de Cristo. Lo oye hablar al cojo, al leproso, a quien es denunciado por un sumo sacerdote o un anciano. Uno oye la sabiduría con la que Él responde lleno de seguridad y absoluta confianza en sí mismo. Oye lo que le dice a la mujer a punto de ser ejecutada. Oye lo que tiene para decirles a los que lo buscan o lo rechazan. Cuanto más oye uno de Dios y de su corazón, tanto más crece su fe.

"Así que la fe viene como resultado de oír el mensaje; y el mensaje que se oye es la palabra del Cristo",[9] escribió Pablo. Vamos edificando nuestra fe al oír La Palabra de Dios, y una de las mejores formas de hacer esto es *entrando* en La Biblia.

La sabiduría se forma de a capas. Como el barniz que se aplica a la madera de una mesa, son las docenas de capas delgadas las que forman una protección profunda. Después de aplicar cada una de estas capas, la mesa se ve brillante. Uno nota que la capa total es profunda y casi querría llegar a tocar las vetas de la madera, de tan transparente que es el barniz. Ese tipo de transparencia y brillo no se logra con una capa gruesa, sino por la aplicación de finas capas, una tras otra.

La sabiduría va formándose del mismo modo. Lo mismo sucede con el carácter sólido que soporta las pruebas del tiempo. Uno no puede tomar una píldora o darse una inyección para tener carácter. Se va formando día a día, paso a paso, palabra por palabra. Y se logra gracias a la consistencia. Entonces produce sus gemas más profundas, pero solo para quienes no son impacientes ni esperan una solución instantánea. La sabiduría es como un músculo, y sabemos que la fuerza muscular no se logra de la noche a la mañana.

Yo creía que se podía, pero cuando estaba en sexto grado un amigo me dijo que si se levantan pesas los músculos crecen. Así que hacia el gimnasio nos dirigimos para levantar pesas con el fervor de aprendices de Schwarzenegger. Después de toda una mañana de esfuerzo, nos paramos ante el espejo esperando vernos atléticos, musculosos, cambiados. Intentamos vernos mejor posando como físico culturistas, flexionando y extendiendo brazos y piernas. Y esperamos... y seguimos esperando.

Yo sigo esperando aún hoy.

Espere todos los días ante la antigua puerta, para buscar el pan fresco. Recójalo cada día hasta que su forma de vida comience a ser coherente con aquello en lo que cree.

EL PAN MARAVILLA, VENIDO DEL CIELO

Si usted tiene más o menos mi edad, quizá recuerde los comerciales del Pan Maravilla. El lema era: "El Pan Maravilla ayuda en doce formas diferentes a que los niños tengan cuerpos fuertes".

Fuera verdad o no esta afirmación de que el pan hecho con harina refinada contribuía a mejorar la salud, el pan fresco que viene del cielo sí puede garantizar que el alma se fortalecerá ¡en doce maneras distintas... por lo menos! Pero si solo nos contentamos con oler el pan recién horneado cada tanto o a saborearlo sin tragarlo, no nos ayudaría de mucho, ¿verdad? Porque solo nos daría la idea de que nos fortalecemos, y los resultados observables apuntarían a todo lo contrario.

INFORMACIÓN

Si usted toma La Palabra de Dios con su mente y luego la transmite de palabra a otros, pero no va más allá, estará solamente dando *información*. Los fariseos eran notables reservorios de información, que acumulaban intelectualmente todo tipo de datos de La Biblia. Pero no aplicaban todo eso que sabían. Y se negaban a vivirlo. Jamás orientaban sus vidas hacia ello, aunque les gustaba mucho enseñarlo a otros.

No es de extrañar que Jesús les dijera a sus seguidores:

> Los maestros de la ley y los fariseos tienen la responsabilidad de interpretar a Moisés. Así que ustedes deben obedecerlos y hacer todo lo que les digan. Pero no hagan lo que hacen ellos, porque no practican lo que predican.[10]

Con la información sola, no basta.

INSPIRACIÓN

Si oye usted un mensaje que lo conmueve y hace que quiera ponerse de pie y gritar, pero no va más allá de eso, diríamos que se encuentra *inspirado*. Muchos somos buenos para inspirarnos, y nos gusta escuchar música que conmueve o asistir a seminarios que motivan. Pero por lo general, allí termina todo. Es un buen tema de conversación y renueva nuestras intenciones. Pero en algún punto, la cosa no funciona, porque este tipo de inspiración por sí sola no basta.

ENCARNACIÓN

Por otro lado, cuando uno se pregunta en qué cambia mi vida lo que Dios acaba de decirme, comienza la *encarnación*. La encarnación cambia al mundo. La encarnación transforma a su familia. La encarnación es la que reescribe su futuro. Cuando La Palabra de Dios es la sangre que recorre nuestras venas, hasta las puntas de los dedos de los pies, y cuando la tomamos como pan fresco que consumimos a diario, entonces podemos considerarnos discípulos.

- Solo en la mente: información
- Solo en el corazón: inspiración
- La sangre que fluye por el cuerpo: *encarnación*.

Si solamente está en nuestra cabeza, nos convertimos en fariseos (¡dentro de cada uno de nosotros, hay un fariseo que espera asomar la nariz!). Cuando solamente está en el corazón, nos convertimos en fanáticos. Cuando recorre nuestras venas como la sangre misma, nos convertimos en auténticos.

BARRERAS DE CONTENCIÓN

Ese tiempo que a diario pasamos sentados a los pies del Señor levanta barreras de contención en el carácter. Por dentro, funcionan como las barreras de contención a ambos lados de la autopista. Más o menos a un metro del borde de la banquina, hay pequeños montículos que nos alertan cuando el auto se desvía. ¡La vibración podría despertar hasta a un muerto! Lo sé, por experiencia.

Pero si no basta con eso, las autopistas también tienen barreras de contención, que son un tanto más estridentes para alertar al conductor que se desvía, aunque también pueden salvarle la vida.

Todos necesitamos barreras de contención.

Habrá momentos en que básicamente funcionamos con el piloto automático. La tentación nos tiende trampas. La ira nos asfixia. La depresión se cobra su precio en energías. Sentimos que lo mejor sería entregarse para evitar el dolor, pero las barreras de contención que forma La Palabra de Dios nos impiden hacerlo, porque ese momento, esa mala etapa, ese tiempo de dolor pasará. Después podremos mirar atrás y decir: "¡Me alegro tanto de que mis barreras de contención fueran tan fuertes! ¡Impidieron que me desviara!".

UNA NOCHE CON LA TENTACIÓN

Nadie es inmune a apartarse momentáneamente de las sabias decisiones. Hace varios años, cuando me sentía cansado, agotado, la tentación se presentó con una coartada perfecta. Había terminado temprano con un compromiso que tenía y pasaría la noche en un hotel cercano al aeropuerto. No sabía que esa zona era particularmente conocida porque allí se reunían las prostitutas del lugar.

Le pedí al mesero una mesa para cenar. Y apenas me senté, una mujer muy bella se sentó enfrente de mí.

–¿Te parece bueno este hotel? –preguntó.

Supuse que se trataba de una empleada que estaba haciendo una encuesta con los clientes.

–Sí, por supuesto. Es un hotel muy lindo.

–¿Y las habitaciones? ¿Te gustan?

–Oh, sí –dije con toda ingenuidad–. ¡Las camas son comodísimas!

–Estoy aquí para ofrecerte servicios exclusivos –continuó–. Solo para caballeros.

Debo ser bastante tonto porque no entendí.

–¿Servicios? –pregunté.

–Sí, servicios de acompañantes que harán que tu estadía sea memorable.

Allí lo entendí. Se encendió la luz, y vi todo con claridad. Claro que estaba trabajando, pero no como supervisora del hotel. De inmediato, una voz interior interrumpió mis pensamientos: *Nadie se enteraría...* –Me tentó–. *Estás en un hotel desconocido, en un lugar donde nadie te conoce... ¡Y hoy mereces un recreo!*

Tal vez fue solo una ilusión, pero creí ver por el rabillo del ojo a José, que escapaba de la esposa de Potifar. Y cuando pasó junto a mí gritó: "Mejor será que me sigas, Cordeiro. ¡Y que sea *ahora mismo*!".

–Disculpa –dije entonces–. Olvidé algo en mi habitación.

Y corrí para ir con José.

Al llegar a mi habitación, cerré la puerta con llave y, hasta el día de hoy, me alegro de haberlo hecho.

¿De dónde provienen esos parámetros? ¿Dónde se los consigue? De los hombres y las mujeres que estuvieron en la misma situación en el pasado.

- José escapó de la esposa de Potifar. Conocía el atractivo y la fuerza de la lujuria (lo mismo que Sansón).
- Abigail tuvo que lidiar con el enojo de David y con su propia frustración. Lo hizo con sabiduría. Su ejemplo nos protege de los errores costosos.
- La depresión de Elías lo encontró solo y desesperado. Jeremías también conoció la depresión. Ambos se toman el tiempo de enseñarnos.
- Pedro dejó su llamado para volver a pescar. Conocía la sensación de querer tirar la toalla. Tiene mucho para enseñarnos.

¿Dónde conseguimos esas barreras de contención? Las incorporamos al alma cuando comemos el pan fresco.

ACTIVIDAD INTERIOR

:: guía bíblica

Disgustado por lo que decían, Saúl se enfureció y protestó: "A David le dan crédito por diez ejércitos, pero a mí por uno solo. ¡Lo único que falta es que le den el reino!" Y a partir de esa ocasión, Saúl empezó a mirar a David con recelo. Al día siguiente, el espíritu maligno de parte de Dios se apoderó de Saúl... (1 Samuel 18:8-10).

:: ubicación en el contexto

No se equivoque: el cielo y el infierno miran más la actividad interior que la exterior. Aunque la actividad interior no es visible de inmediato, eso no significa que su efecto tóxico no pueda ser instantáneo. Tal fue el caso de la envidia de Saúl hacia David. Su veneno letal esperaba en el corazón del rey... hasta que comenzaron los cánticos.

:: implementación

Esta es la prueba mayor para cualquier líder: se lo prueba no solo por lo que hace, sino por cómo responde ante lo que hacen los demás.

-Cuando el éxito ajeno es mayor al propio, ¿se regocija o se molesta en secreto?

-Cuando un par o un competidor fracasa, ¿se regocija en secreto o llora con lágrimas auténticas?

"El Señor le dijo a Samuel (...) La gente se fija en las apariencias, pero yo me fijo en el corazón" (1 Samuel 16:7). La actividad interior es algo que tanto el cielo como el infierno observan. Si permitimos que la actividad interior prosiga sin límites, nuestros corazones se volverán escépticos, y las fuerzas del infierno responderán con resultados opresivos. Nuestros motivos se tuercen y, pensando que somos justos y hacemos lo correcto, nos volvemos necios, engañados.

Necesito verificar y monitorear mi actividad interior. Debo monitorear mi corazón y mis pensamientos. ¿Qué es lo que ocupa mi tiempo mental, mi conversación interior? El cielo monitorea mi actividad interior para determinar mi fuerza. Lo mismo hace el infierno.

:: amén, que así sea

Examíname, oh Dios, y sondea mi corazón; ponme a prueba y sondea mis pensamientos. Fíjate si voy por mal camino, y guíame por el camino eterno (Salmo 139:23-24).

MORIR DE HAMBRE EN LA TIERRA DE LA ABUNDANCIA

Hoy hay hambruna en la Iglesia. No siempre es fácil detectarla, sin embargo, pero eso es porque miramos con los ojos equivocados. Uno de los mentores que menos visitamos, el profeta Amós, nos previno hace mucho tiempo sobre la hambruna que vendría:

> "Vienen días –afirma el Señor omnipotente–, en que enviaré hambre al país; no será hambre de pan ni sed de agua, sino hambre de oír las palabras del Señor".[11]

La Iglesia de hoy sufre hambre, hambre de pan fresco, del Pan de Vida. Y no es por falta de recursos. Un informe reciente de Barna dice que los norteamericanos el año pasado gastaron cincuenta y nueve mil millones de dólares en productos y programas cristianos. ¡No hay escasez! Tenemos muchísimos eventos, libros, seminarios y DVD, y todos prometen un elixir mágico... del crecimiento personal a la libertad financiera, a la plenitud absoluta y al reavivamiento global.

Hemos preempacado antídotos contra los dolores de sectores específicos: mensajes motivadores que conmueven el alma, conferencias que garantizan el crecimiento de la congregación, libros que anuncian oraciones que negarán las enfermedades del futuro, música que garantiza que el alma volará más alto. Los ministerios del tipo *Plug-and-play* (Listo para usar) vienen empacados en cajas que prometen aumentar la asistencia a la iglesia. Y las pulseras con pasajes de Las Escrituras nos brindan la seguridad de identificar de qué lado estamos, en qué ejército luchamos –sin que se nos exija el tiempo ni el costo de una capacitación espiritual adecuada, claro.

A pesar de todo esto, pocos podrían negar que la hambruna espiritual barre con nuestro pueblo. Si hemos de cumplir con el llamado del Señor para nuestras vidas, tendremos que estar mejor alimentados y en condiciones más favorables. Los placebos –esas pildoritas de colores– pueden dejarnos un dulce sabor en la boca, pero jamás nos fortalecerán lo suficiente como para que podamos vencer a nuestros enemigos. No nos convertirán en pilares y soportes de la verdad que hará falta en estos días del final. Jamás nos darán el carácter que necesitan los jóvenes líderes llamados a llevarnos hacia el futuro.

Tenemos que buscar en la misma Fuente que alimentó a los santos de la antigüedad. Como Isaac, que volvió a cavar los pozos de su padre Abraham, también nosotros tenemos que "volver a cavar" los pozos de nuestros padres para que podamos viajar por los desiertos y ver cómo se cumplen las promesas de Dios.

¿Anhela usted ver cómo el Espíritu del Señor obra en su interior? ¿Desea reflejar el corazón de Dios, más que el propio? Si es así, solo tengo un consejo para darle: *coma pan fresco.*

Todos los días, espere junto a la puerta del cielo. Tome el pan mientras está fragante y tibio, recién salido del horno. No importa si tiene que levantarse más temprano o acostarse más tarde para poder encontrar ese pan. Valdrá la pena dedicar tiempo y esfuerzo.

Tercera parte

¡Qué voz tan dulce!

Capítulo 9

HASTA EL CENTRO MISMO

"Bendito el hombre que confía en el Señor,
y pone su confianza en él.
Será como un árbol plantado junto al agua,
que extiende sus raíces hacia la corriente;
no teme que llegue el calor, y sus hojas están siempre verdes.
En época de sequía no se angustia,
y nunca deja de dar fruto". [1]

Vivimos en un mundo de cartón pintado, en el que la imagen muchas veces tiene más valor que la realidad, la reputación más que el carácter, y la percepción más que lo verdadero. El cartón pintado imita lo que es verdadero, pero cuesta mucho menos.

La imagen dura solo lo que duran las tendencias de la moda. Apenas aparece un estilo nuevo, la imagen exige una y otra vez que olvidemos lo anterior y busquemos con ansias la novedad.

Sin embargo, cuando se trata de la sustancia de la que está hecha la vida, el cartón pintado no basta. El éxito sin arrepentimiento, al igual que las familias saludables y las iglesias fructíferas, requiere de credibilidad y veracidad. Para que la presencia de Dios esté, todo tiene que ser genuino, hasta el centro mismo.

TESOROS HEREDADOS Y CONSUMIDORES

Anna y yo acabábamos de mudarnos a nuestra primera casa. Necesitaba un escritorio, por lo que pasé por una mueblería. Mi sueño era tener un escritorio de roble... y allí había uno ¡justo delante de mí! Me encantaba ese aspecto nostálgico, y pensé que sería un maravilloso tesoro que podría legarles a mis hijos algún día. Estaba en oferta, así que no lo pensé dos veces y lo compré.

Estaba orgulloso de este trocito de historia que mis nietos un día heredarían, diciendo: "Es el escritorio del abuelo, de principios de siglo". Me sentía muy contento con mi compra, hasta que un día noté algo raro. Al inspeccionarlo de cerca, me horroricé al ver que lo único que tenía en roble el escritorio era el revestimiento. Todo el resto era pintura, imitación de roble sobre madera barata. Me había apresurado. ¡Había comprado un escritorio barato pensando que era de roble sólido!

Nadie querría un escritorio barato como herencia familiar. Si hay que valorarlo y atesorarlo, tiene que ser auténtico, genuino. Solamente así lo estimaremos. Tiene que ser de roble, hasta el centro mismo.

¿Sabe usted que lo mismo puede decirse del carácter? Por lo general, podríamos clasificarnos en dos categorías: de roble sólido o enchapado. Bajo circunstancias ideales, ambas categorías parecen idénticas. Uno podría confundir el enchapado con la noble madera. Pero cuando la vida nos reparte cartas malas, al instante se hace evidente que la madera barata encolada y enchapada no es igual a la madera maciza de roble genuino.

¿Qué categoría es la suya? Porque ambas se ven iguales por fuera, pero una es una imitación barata. La otra, es eterna.

QUE SEA SISTÉMICO

Hoy el mundo clama por el artículo genuino. Y para satisfacer su necesidad, no podemos ofrecer madera enchapada con barniz de roble. Todos sabemos que lo que defendemos o mostramos y lo que de veras somos pueden ser dos cosas diferentes. Dos personas diferentes. Muchas veces, lo que los demás ven bajo las luminarias no es lo mismo que verían si estuviéramos a oscuras.

Con Jesús las cosas eran diferentes. Hasta sus enemigos lo miraban y exclamaban: "¿Quién es este que habla con tal autoridad? ¿Y de dónde obtuvo esta autoridad?". ¿Sabe usted de dónde? Jesús permitió que la semilla de la Palabra entrara y echara profundas raíces en lo íntimo de su ser. El resultado fue una acumulación sistémica, la aplicación de la sabiduría.

La autoridad de Jesús se conmensuraba con su congruencia: *lo que decía era lo que Él era.*

Para nosotros, aquí es donde todo se une. El tiempo diario a los pies de Jesús produce una metamorfosis de autenticidad. Su Palabra, a diario, identifica los sectores que imitan la madera genuina en lo que atañe a nuestro pensamiento y nuestras decisiones, y de algún modo, la alquimia de Las Escrituras reemplaza lo falso por lo auténtico. Sucede despacio, poco a poco. Es una transformación imperceptible que requiere de la exposición diaria a su Palabra. Pero al pasar ese tiempo día a día en La Palabra, el Mentor Divino asegurará que su estructura de roble sea más que una fina capa exterior. Hará que la madera genuina llegue hasta el centro mismo.

El muro

En Hawái todos los años, treinta y dos mil corredores participan de la Maratón de Honolulu. Llegan desde todos los rincones del mundo, aunque la mayoría viene de Japón. Llegan aviones repletos de japoneses ancianos y jóvenes, hombres y mujeres, preparados o no. Todos convergen para explorar paso a paso los 42 km de Oahu. El día de la carrera, se presentan impecables por la mañana con zapatillas limpias, ropa deportiva y los carteles de tela que indican su número de participante. Algunos llegan pensando que se trata de un paseo, y otros buscan el desafío, claro está. Pero los verdaderos maratonistas son apartados de los novatos en... *el muro.*

Aunque es invisible, uno no puede dejar de verlo. Porque casi a los 30 km de la línea de partida, el muro pega con fuerza, y cada paso más allá del "muro" hace que uno sienta que pisa sobre hierros candentes. Las zapatillas parecen derretirse, y el camino golpea, implacable.

Todos los corredores llegan al muro, pero su estado y preparación dependerá de lo fuerte que sea el golpe. Hay algunos que pasan el muro con solo un poco de dolor y fatiga. Y otros se dan de cabeza y caen, confundidos.

¿Cuál es la diferencia? ¿El muro en sí mismo? No. El muro está para los expertos y los novatos por igual. Lo que determina cuán sólido es el muro para cada uno será lo que cada uno traiga consigo al momento del golpe.

El cartón pintado en algún momento se cae. El roble sólido tiene lo que hace falta para llegar hasta el final y con éxito.

EL FRUTO DEL DEVOCIONAL DIARIO

La exposición diaria al corazón del Señor y sus caminos inicia un proceso de transformación. Vamos haciéndonos más pequeños en tanto Él

CONFORME AL CORAZÓN DE DIOS

aumenta en tamaño. Así es el proceso de autentificación. Sucede poco a poco. El cartón pintado se logra en minutos, pero al roble le lleva años crecer y llegar a ser árbol.

Todo comienza en lo profundo de nuestros corazones, en la persona interior. Él es nuestro tutor, Él renueva nuestras almas gota a gota, y no con un chorro potente de la noche a la mañana. *"Quédense quietos, reconozcan que yo soy Dios"*,[2] dice. Puede uno echarle un vistazo en medio de la multitud. Pero para conocer a Dios, lo mejor es estarse quieto.

CONOCER MEJOR A DIOS

Pero quien se fija atentamente en la ley perfecta que da libertad, y persevera en ella, no olvidando lo que ha oído sino haciéndolo, recibirá bendición al practicarla.[3]

Hay cantidad de cursos acelerados para la persona de negocios que está muy ocupada. Hay cursos de lectura veloz, que prometen guiarlo a uno por un libro de una sola vez. Yo tengo otro curso para ofrecer, otra alternativa. Es el Curso de Lectura Lenta para los Verdaderos Discípulos.

Santiago es el auspiciante principal. Era uno de los medio hermanos de Jesús. No creyó que Él fuera el Mesías sino hasta después de la resurrección, pero cuando se convirtió en creyente, ¡su fuego fue arrollador! Estaba tan convencido que se convirtió en potente testigo del poder transformador de Cristo. La historia nos cuenta que era tan genuina su devoción que pasaba horas al día orando. La gente le puso por apodo "Rodillas de camello" por los callos que se le habían formado al pasar tantas horas orando.

De La Palabra, Santiago dice, en efecto: *"quien se fija atentamente"*. Hay demasiado como para poder absorberlo de una sola vez. Hay que fijarse atentamente. El término *atentamente* implica "detenerse a mirar con atención, de cerca". Es la postura del estudiante curioso, del estudiante que tiene por intención aprender.

La intención da lugar a la transformación.

Desde ningún lugar de esta tierra tenebrosa les he hablado en secreto. Ni he dicho a los descendientes de Jacob: 'Búsquenme en el vacío.' Yo, el Señor, digo lo que es justo, y declaro lo que es recto.[4]

~ 122 ~

Dios no es inaccesible. No es tímido ni introvertido. Aunque sí requiere que le busquemos, porque esto afina nuestros corazones y purifica nuestros motivos. Los beneficios colaterales son múltiples. Al buscar a Dios nuestra fe crece, como sucede con el pollito que sale del cascarón y fortalece su pico al usarlo para romper el huevo.

Me buscarán y me encontrarán, cuando me busquen de todo corazón. Me dejaré encontrar –afirma el Señor. [5]

AFINIDAD CREATIVA

Cuanto más conocemos a Dios más lo amamos, y cuanto más lo amamos, más queremos conocerlo.

¿Por qué le importa tanto a Dios que lo conozcamos? ¿Por qué quiere que lo amemos con devoción creciente? Es a causa de lo que llamamos "afinidad creativa". La afinidad creativa implica que uno va pareciéndose cada vez más a aquello que más ama. Uno adopta las características de la persona u objeto que más ama. ¿Alguna vez ha notado que los matrimonios que llevan juntos cincuenta o sesenta años empiezan a parecerse? *La gente se parece a aquello que más ama.*

Hawái es un lugar famoso por sus bellas playas y grandes olas. El deporte favorito es el surf, y tengo un amigo adicto a esta actividad. Lee continuamente revistas sobre surf, tiene su casa empapelada con carteles y afiches de surf y siempre viste ropa de surfista. Todo en él grita: "¡Surf!". Hasta parece una tabla de surf, habla como surfista y huele a algas...

Otro amigo mío siente pasión por el tenis. No le importa para nada el surf, y en cambio lee continuamente revistas sobre tenis, se corta el cabello para que su cabeza parezca una bola de tenis y pasa todo su tiempo libre en la cancha. El tenis es su pasión, y créame que se nota.

Por esto, el mandamiento más grande de todos es *"Ama al Señor tu Dios con todo tu corazón, con toda tu alma, con toda tu mente y con todas tus fuerzas".*[6] Cuanto más amamos a Dios, más nos convertimos en lo que Él tuvo por intención al crearnos.

¡LIBRES AL FIN!

Cuanto más conozca usted La Palabra de Dios, más libertad tendrá en su vida. Por eso Jesús dijo: *"y conocerán la verdad, y la verdad los hará libres".*[7] Lo que lo hará libre es *no solo la verdad, sino la verdad que sabe y conoce.* Si no conoce usted la verdad, si esta permanece aprisionada en las páginas de La Biblia, no le será posible ser libre. La verdad en sí misma es maravillosa, pero no es sino hasta que la conoce usted y camina en su luz que la libertad deja de ser etérea y llega al alcance de su mano.

No hay nada que podamos hacer o decir que reste veracidad a la verdad. Es verdadera, no importa qué pensemos de ella. Pero si no llegamos a conocer su poder y aplicabilidad, seguiremos esclavos del viejo pensamiento, de las viejas perspectivas. Es decir que si usted quiere que la verdad lo haga libre, no debería permitir que ella quede sin descubrir. ¡Tome ya el pico y la pala y comience a cavar!

¡LIBRE PARA IR DONDE QUIERA!

"Pero La Biblia está llena de prohibiciones y reglas –dirán algunos–. ¿No significa eso que cuanto más la conocemos más atados estamos?".

Hace un tiempo, fui a visitar a alguien en el hospital y llegué después de que terminara la hora de visita. Sabía que tendría que apurarme para llegar a horario, pero quedé atascado en un embotellamiento, a causa de una señora que conducía muy despacio. No podía cambiar de carril porque yo tenía que girar a la derecha en la calle siguiente. Al llegar a esa esquina, vi que ella también iba a doblar, pero como la luz del semáforo cambió a amarillo, se detuvo.

En Hawái uno puede girar a la derecha aunque la luz esté en rojo, siempre y cuando uno se detenga primero para asegurarse de que no pasan autos en esa dirección. Como no vi un cartel de "Giro solo con flecha", y como no había autos o peatones, supuse que la señora continuaría.

En cambio, se quedó allí. No me gusta cuando los demás me llaman la atención tocando bocina, de modo que tampoco quiero molestar a los demás. Por lo tanto, con mucho respeto y consideración, le grité desde mi auto: "¡Señora, avance!... ¿podrá ser esta semana por favor?". La mujer permaneció allí, como en estado de animación suspendida.

Por fin la luz cambió a verde, y la mujer avanzó lentamente. La rodeé con mi auto y al pasar junto a ella, me quejé: *¡Si tan solo hubiera leído el manual del conductor sabría que podía haber girado sin problemas!*

En ese momento, me di cuenta de una verdad eterna. Conocer la ley nos da libertad. ¡Y no conocerla nos hace esclavos! Cuanto más conocemos a Dios y su Palabra, tanto más libres seremos. Tendremos nueva confianza en nosotros mismos, una confianza que crece. Y allí en donde normalmente nuestras vidas encontrarían obstáculos, podremos avanzar.

No conozco a esa conductora ni sé su nombre, pero la bendigo por haberme dado la oportunidad de ver esa verdad tan importante.

EL GOZO DE LA OBEDIENCIA

En esto consiste el amor a Dios: en que obedezcamos sus mandamientos. Y éstos no son difíciles de cumplir.[8]

Uno de mis principales barómetros de mi amor a Dios es evaluar si se me hace más difícil obedecerlo o si me causa mayor gozo. Muchos creen que guardar los mandamientos de Dios es una tarea ardua, difícil y desagradable, como si hubiera que avanzar en medio de una tormenta de nieve con las piernas hundidas hasta las rodillas.

¡Juan nos dice todo lo contrario! Si me parece difícil de cumplir lo que Dios requiere de mí, entonces tengo que volver a la cruz de Cristo y a su sacrificio de compasión por mí. Cuando vuelvo a ver su asombroso amor y maravillosa gracia, mis problemas se hacen pequeños. Cuanto mayor el amor, menor parece mi sacrificio.

Hay leyes en Norteamérica que parecen muy obvias: no hay que matar a los miembros de la familia, ni abandonar a los niños en una ciudad desconocida ni echar un aparato eléctrico en la tina cuando el cónyuge está tomando un baño. Son estatutos admirables, y no tengo problema en cumplirlos. ¿Por qué será? Porque amo a mi familia, a mis hijos, a mi esposa. Jamás querría causarles daño ni lastimarlos en modo alguno, así que las leyes que exigen que los trate bien no son difíciles. Cuanto mayor el amor, más gozo hay en la obediencia. Pero ¿qué pasa si disminuye mi amor hacia mi familia? Allí está la diferencia: me costará más cumplir las leyes que indican cómo debo comportarme con ellos.

EL PRINCIPIO DE LO MILAGROSO

Uno de los mayores regalos que recibimos al entrar en La Biblia todos los días es la creciente resistencia a la ofensa. ¡No se lo pierda! Sentirse ofendido, con justificación o sin ella, impedirá lo milagroso en su vida.

Lo vemos en el Evangelio de Marcos. Cuando Jesús se puso de pie para enseñar en la sinagoga, la respuesta de la gente fue casi unánime: "*¿No es* *acaso el carpintero, el hijo de María y hermano de Jacobo, de José, de Judas y de Simón? ¿No están sus hermanas aquí con nosotros? Y se escandalizaban a causa de él".*[9] Se escandalizaron porque les pareció ofensivo.

Marcos muestra luego el resultado de esta respuesta: *"En efecto, no pudo hacer allí ningún milagro, excepto sanar a unos pocos enfermos al imponerles las manos".*[10] No es que Jesús *no quisiera.* Es que *"no pudo hacer allí ningún milagro".* Esto siempre me intrigó. La lección aquí es la siguiente: podemos aferrarnos a una ofensa –lo cual da como resultado que nos apartamos de lo milagroso– o podemos apartarnos de la ofensa para aferrarnos a lo milagroso.

La decisión es nuestra.

Los que aman tu ley disfrutan de gran bienestar, y nada los hace tropezar.[11]

A quienes aman La Palabra de Dios, se les otorga una dosis especial de paz. Y mayor resistencia a la ofensa.

En mi vida, necesito desesperadamente crear más espacio para los milagros. Por eso, no puedo darme el lujo de ofenderme ni permitirme la opción de sentirme ofendido. *Habrá muchas* ocasiones en las que naturalmente se sienta usted ofendido: alguien no escucha sus consejos o lo ignoran cuando hay oportunidad de ascenso. Sus compañeros de trabajo lo marginan o no recibe la invitación para un almuerzo.

Si hubo alguien con derecho a sentirse ofendido fue Jesús. Fue perseguido por demonios, acosado por los líderes religiosos, seguido siempre de cerca por los leprosos y abandonado por sus propios discípulos. Pero aun así, en Isaías encontramos estas palabras que preanuncian el carácter del Mesías:

no vacilará ni se desanimará hasta implantar la justicia en la tierra.[12]

¿Cuál es la fuente de esa fuerza interior? El amor por La Palabra de Dios. No la subestime jamás, porque podría indicar el principio de lo milagroso en su vida.

AMAR LA PALABRA DE DIOS

El creciente amor por La Palabra de Dios se produce con la exposición continua y consistente. La Biblia contiene una química probada que enciende el corazón y profundiza nuestro anhelo por sus enseñanzas. David lo medita, cuando dice: *"Cual ciervo jadeante en busca del agua, así te busca, oh Dios, todo mi ser"*.[13] Yo espero con ansias mi devocional diario. De hecho, siento impaciencia porque llegue la mañana. Cuando estoy en la cama a veces miro el reloj, esperando que suene la alarma y apenas suena, me llena el entusiasmo. Me dirijo al café más cercano y pido una taza de café caliente y un biscocho. Entonces abro mi Biblia y estoy en el cielo. Ansío entrar en La Palabra y conversar con Sadrac, Mesac y Abednego en el antiguo Irak, no enfrentado al terrorismo de Al-Qaeda sino a un enemigo igualmente peligroso: Nabucodonosor y su horno ardiente.

Necesito oír las instrucciones de Dios para este día. Verá, el Espíritu Santo conoce los desafíos que tendré que enfrentar y está listo para depositar en mí la sabiduría que necesito para cada situación. Solo tengo que dirigir mis pasos hacia donde Él está.

Hace unos años, escribí en mi diario algo dirigido a mi hijo Aarón:

Querido Aarón:

Hoy tengo que hablar en una conferencia de jóvenes. Y cuando estaba afinando esta mañana mi guitarra acústica Martin, el sonidista probó el sistema con música de rock muy estridente, de esa que hace que te lata el corazón al ritmo de la batería. Seguí tratando de afinar mi guitarra acercando mi oído al instrumento, en vano. Es que el sonido de mi guitarra no podía competir que esos parlantes tan potentes. No teníamos afinadores digitales, de manera que tenía que hacerlo a la antigua... escuchando. Apoyé la oreja contra la madera de la guitarra y entonces, por muy fuerte que sonara la música, podía oír mi guitarra acústica. Y no era porque la guitarra sonara más fuerte, sino porque yo acerqué mi oído.

Aarón, llegarán tiempos en que las voces a tu alrededor harán que te sea difícil oír la suave voz de tu Salvador. Sí, claro que Él también puede hablar como trueno. Pero para oírlo en esos casos no te haría falta la fe, ¿verdad? Dios siempre estará hablando, pero a veces para poder oír su voz tenemos que acercar el oído para escuchar las vibraciones de su corazón.

Aarón, no finjas conocer a Dios. No. Tómate el tiempo para conocerlo de veras, escuchando su corazón. Pienso que de todos modos, es esto lo que más agrada a Dios, ¿no es así? No quiere que esperemos que su voz siempre resuene con fuerza. Dios quiere que seamos de los que sencillamente estamos dispuestos a acercar el oído para escucharlo. Lo que más le agrada son las personas dispuestas a tomarse tiempo todos los días con tal de escuchar su voz. Ocúpate entonces de tener oídos que oigan.

—Papá

Escuche a Dios todos los días. Verá que entonces le cuesta cada vez menos efectuar cambios positivos. Y observará que el cartón pintado cae y deja ver debajo la madera maciza de roble genuino.

NO ES UN MILAGRO DE UNA SOLA NOCHE

Una vez más, quiero recordarle que uno no puede convertirse en madera genuina de roble de la noche a la mañana. No sucede en medio de un relámpago de conocimiento ni en un arrebato de emoción. Este crecimiento se da poco a poco. Sucede a lo largo del tiempo, cuando cooperamos con el consejo que recibimos de quienes nos han precedido.

Es posible cambiar el enchapado por la madera maciza. Y lo sé porque le sucedió a Naamán. Puede conocer su historia en 2 Reyes 5.

Naamán era jefe del ejército del rey arameo. También era leproso. Le informaron que un profeta israelita, Eliseo, oraba por las personas y que Dios las sanaba. Los arameos no trataban con los israelitas, pero el desesperado Naamán se tragó su orgullo y recorrió la larga distancia hasta llegar a Israel, solo para encontrar que el profeta se negaba a otorgarle una audiencia. Enviaron a Naamán al Río Jordán, en cambio, para que se bañara en sus aguas lodosas.

El jefe del ejército estaba furioso ante esta humillación. Afortunadamente, sus siervos le dijeron: "Si le hubiera indicado que cumpliera una tarea casi imposible para poder sanar, ¿lo habría hecho? Solo le ha pedido que haga algo que puede hacer con toda facilidad. ¿No vale la pena intentarlo?".[14]

Con eso, Naamán se arremangó y se dispuso a bañarse en el río. Sumergió su afligido cuerpo en las aguas, y con cada inmersión, algo de él se fue junto con la corriente: parte de su orgullo. Cada vez que la cabeza de Naamán asomaba sobre la superficie del agua, Dios iba rompiendo su orgullo. Con la séptima inmersión, la obra de Dios en este hombre se había completado. Se habían disuelto en el agua su orgullo y sus aires de poder. Ahora podía sanar.

Dios conoce en lo más íntimo nuestros caminos y le importa más la *transformación* que la *información*. Nuestro tiempo a diario en La Palabra no necesariamente tiene por objeto producir teólogos. Su propósito principal es producir discípulos. Cuando entramos en La Biblia, ¡no entramos tanto para estudiarla como para permitir que nos estudie a nosotros!

VIVIR CON INTEGRIDAD

Ninguna cosa creada escapa a la vista de Dios. Todo está al descubierto, expuesto a los ojos de aquel a quien hemos de rendir cuentas.[15]

Me encanta La Biblia y la amo porque escudriña mi corazón. Al igual que usted, soy de los propensos a ir en la dirección equivocada. Necesitamos La Palabra de Dios, y a sus mentores, para seguir en el camino correcto. Hebreos 4:12 nos dice que La Palabra de Dios está viva y actúa, que es más afilada que una espada de dos filos, que puede dividir el alma del espíritu, y discierne mis pensamientos y mis intenciones.

Cuando leo La Biblia, el Espíritu de Dios llega hasta lo más profundo, y no hay nada que quede oculto. Todo está expuesto. Dios examina todo lo que motiva mis deseos e inspecciona en detalle mis intenciones.

Es que cuando entro en La Biblia, ¡ella me lee tanto como yo la leo! De hecho, me someto a la mirada de un panel de mentores, de pie ante un tribunal benevolente que debe monitorear mis motivos. Cada vez que leemos La Palabra de Dios, los motivos de nuestro corazón son lavados de toda posible contaminación. Sé que si quiero terminar mi carrera sin ser descalificado necesito esa integridad genuina. Un buen amigo mío escribió:

Examíname, oh Dios, y sondea mi corazón; ponme a prueba y sondea mis pensamientos. Fíjate si voy por mal camino, y guíame por el camino eterno.[16]

David amaba a Dios con todas sus fuerzas y sabía que sin el agrado del Padre, todo se le haría cuesta arriba. No quería que la más mínima sombra de pecado se interpusiera entre él y el Señor. Y en los años posteriores, preguntaría algo a lo que él mismo podía responder:

¿Cómo puede el joven llevar una vida íntegra? Viviendo conforme a tu palabra (...) En mi corazón atesoro tus dichos para no pecar contra ti.[17]

"ERES HOMBRE MUERTO"

Génesis 20 narra la historia de un encuentro bastante peculiar entre el patriarca escogido Abraham y el rey pagano Abimélec. No fue uno de los mejores momentos de Abraham. El paso por tierras filisteas era peligroso y mucho más difícil si uno iba con una bella esposa.

MENTORES CONFORME AL CORAZÓN DE DIOS

En esa época, se aceptaba comúnmente que el rey tuviera derecho a tomar a una mujer soltera para hacerla su esposa o concubina. Si la mujer era bella y estaba casada, el rey sencillamente podía matar al esposo y así convertir en "soltera" a la bella mujer. Para salvar su pellejo, Abraham le dijo al rey que su esposa Sara era su hermana. Abimélec entonces hizo que llevaran a Sara a su palacio; él se encontraría con su nueva novia a la mañana siguiente. Pero esa misma noche, Dios le dijo en sueños a Abimélec: "... Puedes darte por muerto...".[18]

En efecto, la conversación fue esta:

–¿Por qué? –dijo Abimélec–. ¿Qué hice?

–Has tomado a la esposa de otro hombre –dijo Dios.

–Pero ¿no dijo Abraham "esta es mi hermana"? –acotó con voz de ruego. Luego añadió–: "... yo hice todo esto de buena fe y sin mala intención".[19]

"–Sí, ya sé que has hecho todo esto de buena fe –le respondió Dios en el sueño– por eso no te permití tocarla, para que no pecaras contra mí".[20]

¡Dios reconoce la integridad!

Cuando somos fieles a La Palabra de Dios, permitiendo que escudriñe nuestros corazones, Dios nos brinda protección divina. Así como nuestros corazones quedan al desnudo ante La Palabra, Dios señala cualquier motivo equivocado que pudiéramos tener.

QUITAR LO INVISIBLE

La historia no termina allí. Dios le dijo a Abimélec: "Pero ahora devuelve esa mujer a su esposo...".[21] La Palabra continúa diciendo: "porque a causa de lo ocurrido con Sara, la esposa de Abraham, el SEÑOR había hecho que todas las mujeres en la casa de Abimélec quedaran estériles".[22]

Los filisteos no tenían idea de que todas las mujeres de su tierra habían quedado estériles. Tal vez les llevó unos años darse cuenta de que se extinguían como pueblo a causa de la total esterilidad. En una sola generación, habrían sido aniquilados. Pero Dios reestableció la fertilidad antes de que las consecuencias de la infertilidad hicieran estragos.

De manera similar, hay momentos en nuestras vidas en que el pecado se mueve, y se avecinan las consecuencias... pero Dios las intercepta y detiene el curso del pecado. Cuando permitimos que el Señor escudriñe y limpie nuestros corazones para producir en nosotros integridad, Él rompe el curso natural de las consecuencias del pecado. Y tal vez ni siquiera nos enteremos hasta estar a salvo, del otro lado.

¿Quiere usted el éxito en la vida y en el ministerio? Sea una persona de integridad. Permita que Dios lave su corazón, a través de su Palabra. De hecho, una de las mejores cosas que puede hacer por su propio bien es asegurarse de que el centro de su corazón esté hecho de integridad genuina, clara desde el principio al fin. Ese será su mayor legado. Su único legado.

EL MÁS VELOZ ES EL QUE MÁS LENTO VA

El Señor no tarda en cumplir su promesa, según entienden algunos la tardanza. Más bien, él tiene paciencia con ustedes, porque no quiere que nadie perezca sino que todos se arrepientan.[23]

Esta es la nueva definición de *lentitud*: "*La velocidad óptima de Dios para producir en usted su imagen y semejanza*". Es de especial importancia que recordemos esto cuando nos empezamos a preocupar por lo lento que parece ser nuestro proceso de transformación. Podremos llamarlo "lento", pero Dios lo llama "a la velocidad justa".

Hace falta paciencia. No de parte de nosotros... ¡sino de Dios! Y la razón por la que Él es tan paciente con nosotros es que no quiere que perezcamos. Como Naamán el leproso, necesitamos tiempo para llegar al arrepentimiento. Pueden ser días y a veces temporadas enteras, hasta que cambiemos nuestro pensamiento y dirección.

Un padre apresurado se acercó una vez al futuro presidente de los EE. UU., James A. Garfield, cuando era aún presidente de una universidad local:

–¿Hay alguna forma en que pueda lograr que mi hijo curse toda la universidad en menos de cuatro años? –imploró–. Se termina el tiempo, ¡y el mundo de los negocios está esperando!

–Todo depende de lo que quiera usted –respondió Garfield con sabiduría–. Un zapallo crece en solo tres meses, pero si quiere un roble, le llevará cuatro años.

Podemos fabricar el cartón pintado, el enchapado, el aspecto exterior. Pero para obtener un roble, hace falta cultivarlo. Llevará más tiempo, pero es la única forma de ser auténticos... hasta el centro mismo.

ORDEN DE MARCHAR

:: guía bíblica

Lo que les digo en la oscuridad, díganlo ustedes a plena luz; lo que se les susurra al oído, proclámenlo desde las azoteas (Mateo 10:27).

:: ubicación en contexto

La pregunta no es "¿está hablando Dios?", sino "¿estoy escuchando?". Claro que Dios puede gritar con voz de trueno si lo desea, pero pienso que prefiere susurrar. De esa manera, mi corazón tiene que acercarse a Él. Dios habla en la oscuridad y susurra en mi oído. Si no le escucho en la oscuridad, ¿qué diré cuando llegue a la luz? Si no lo oigo susurrar en mi oído, ¿qué tendré para proclamar desde las azoteas?

:: implementación

¡Es una Palabra grandiosa! Hoy recuerdo que no solo hablo con Dios en la oración, sino que es igual de importante que lo escuche en oración. Dios constantemente me da palabras de instrucción para mi matrimonio, mi ministerio y mi futuro. No puedo darme el lujo de no inclinar mi oído hacia Él y escuchar su susurro.

:: amén, que así sea

Querido Jesús, ayúdame a oírte hoy. Quiero estar tan quieto como para oír tu voz de mando que ordena marchar hacia donde debo ir en este día, en esta semana, en mi vida. Habla, Señor. ¡Tu siervo oye!

CAPÍTULO 10

LA SUELA EN CONTACTO CON EL CAMINO

"Cuando el rey tome posesión de su reino,
ordenará que le hagan una copia del libro de la ley (...)
y la leerá todos los días de su vida".[1]

A hora llegamos por fin a la parte interactiva. Aquí comenzamos a ampliar la mira para incluir a otros. Entre los creyentes, no hay mejor forma de profundizar la fe que leyendo juntos Las Escrituras.

EL PROGRAMA 20/20/20

Este es el lugar donde comenzamos a mirar los engranajes, el interior de lo que se requiere para formar discípulos genuinos. Todos conocemos el término 20/20, que hace referencia a la vista en su estado óptimo. Para que sea más fácil recordar este proceso de llevar un diario devocional, establecimos un sistema 20/20/20 que se refiere a cómo lograr una visión espiritual superior.

En pocas palabras, esto es lo que tendrá que hacer:

- Durante veinte minutos, lea la porción de La Palabra de Dios que corresponde al plan de lectura de ese día. Al lector promedio le llevará más o menos ese tiempo cubrir el texto.
- Durante los siguientes veinte minutos, tome un pasaje de Las Escrituras que el Espíritu Santo haya destacado para usted y escriba en su diario basándose en el método GUÍA. No es para jugar a ser un

teólogo. De los capítulos que ha leído, elija un solo pasaje. Aunque haya varios que le llamen la atención, seleccione una sola cosa que el Espíritu Santo le esté marcando. Anote sus pensamientos de manera sencilla, pero utilizando las reglas gramaticales adecuadas. No haga notas de palabras sueltas ni cuadros sinópticos. Tómese el tiempo de explicarlo con claridad. Al escribir de esta forma, podrá ser preciso en su pensamiento y claro en su entendimiento.

- Durante los veinte minutos finales, conversen en grupo, cada uno sobre lo que ha escrito. Todos tendrán su turno. No se permiten las predicaciones ni los comentarios especiales. Solamente leerán lo que escribieron y hablarán de lo que oyeron de manera informal, dándose ánimo los unos a los otros. Cuando escuche lo que han escrito los demás, podrá nutrirse también de su sabiduría y entendimiento.

LOS GRUPOS DE VIDA

Me reúno con cuatro grupos a la semana siempre que estoy en la ciudad (tenemos "Grupos de Vida" de solo dos personas y hasta de veintidós). Hay momentos en que hago mis devocionales en soledad, claro, pero no me molesta para nada hacerlos en grupo. Después de todo, durante los primeros cuarenta minutos, ¡nadie habla! Todos estamos escuchando a quienes Dios utiliza en La Biblia para instruirnos. Todos leemos durante veinte minutos, y luego todos escribimos durante veinte minutos, así que hay silencio. Siempre leemos y escribimos en silencio así que, en efecto, durante esos cuarenta minutos estamos a solas con el Señor, cada uno de nosotros.

Solo en los últimos veinte minutos se habla (durante los primeros cuarenta minutos, las voces provienen de La Palabra). Luego, llega la recompensa de poder conversar con los demás sobre lo que oímos decir a Dios y descubrir lo que Él les ha mostrado también. ¡Es sencillamente maravilloso!

En el pasado, cuando alguien me pedía que fuera su mentor, yo solía responder: "Lo siento, pero en realidad no tengo tiempo". Las cosas han cambiado. Hoy, si alguien me pide que sea su mentor, mi respuesta es diferente:

–¡Seguro!

–¿De veras? ¿Cuándo?

–A las seis y media de la mañana. En el café de la esquina los lunes, en la sala de conferencias los martes, aquí los miércoles y en el café los jueves. Elige. Solo tienes que traer cinco cosas: Biblia, lapicera, diario, plan de lectura y agenda. A las 6.30 en punto, y recuerda que es por la mañana, no por la tarde.

Siempre tengo que recordarles que es por la mañana, porque una tarde mi esposa y yo estábamos a punto de salir a cenar y cuando pasamos por un café vimos a un joven estudiante de la escuela bíblica que nos saludaba.

–Es aquí, ¿verdad? –preguntó.

–¿Qué cosa?

–¡El grupo de vida! Y traje mis cinco cosas.

Reí y le pedí que regresara el lunes a las seis y media de la mañana (no de la tarde). Con humor y amabilidad, le dije que no había llegado tarde, sino una semana más temprano de lo que debía.

EL ANFITRIÓN PARA EL DISCIPULADO

Si contáramos a todas las personas a las que discipulo en una semana usando este método, el total llega a ochenta y dos. Y lo más hermoso de todo es que durante los últimos veinte años he estado haciéndolo y plantamos casi cien iglesias a un promedio de seiscientas personas en cada una, *y todo comenzó con los grupos de vida*. No preparo nada de antemano, más que mi corazón.

El Espíritu Santo siempre será nuestro instructor especial. Yo solo soy el facilitador en la sesión. Mi objetivo no es el de clonarme. No quiero que la gente se me parezca. Solo quiero que busquen en la misma Fuente en la que busco yo. Entonces llegarán a ser lo que Dios quiere que sean.

No nos interesa copiarnos. Les enseño a las personas a sentarse a los pies de Jesús para oír la voz del Señor con sus propios oídos. Hacer esto cambiará su vida, lector, como cambió la de tantas personas.

Copio aquí un extracto de una carta que recibí hace poco:

Querido Wayne:
Hablaste en una conferencia en nuestra ciudad hace casi tres años. En esa conferencia, repartiste el Life Journal. Empecé con el diario esa misma noche en la habitación del motel, y en casi tres años no he dejado de hacer mi devocional un solo día. Ahora somos muchos en nuestra iglesia los que seguimos con el diario, y a todos nos gusta mucho. Ha cambiado mi vida. He sido pastor durante veintitrés años y siempre me faltó disciplina. Pero el ánimo que me

diste cambió mi vida. Y ahora muchos comentan que soy mejor pastor y que mi predicación ha mejorado, y la mayoría sabe que es por los devocionales.

ELIJA UN LUGAR PÚBLICO

Por lo general, nos reunimos en lugares públicos como un café o un bar. Algunos nos preguntan: "¿Por qué en un café? ¿No se distraen?". De hecho, en mi experiencia no hay distracción. En lo posible, nos reunimos con grupos pequeños en lugares públicos no para que nos vean, sino porque siempre es más fácil adoptar un buen hábito si lo conectamos con algo que nos gusta hacer. De esa forma, adoptaremos el hábito mucho más rápido.

Probablemente sepa ya por qué me gusta reunirme en cafés. Lo admito: soy adicto al café. Cuando me dan una buena taza de café y un bizcocho, me siento eufórico. Y si a eso le sumo la lectura de La Biblia... estoy en el paraíso (el hecho de que viva en Hawái también contribuye a eso, creo).

Pero hay otra razón por la que me gusta que nos reunamos en lugares públicos para el devocional. Piense en la gente que pasa junto a nuestra mesa cuando esperan su taza de café. La mayoría verá a cinco o seis personas con La Biblia abierta sobre la mesa, escribiendo en su diario. Nuestro lugar de reunión preferido siempre está lleno, y unas cien personas más o menos pasarán junto a nuestra mesa.

Ahora, calculemos. Son cuatro días a la semana, en que pasan cien personas... son cuatrocientas personas cada semana que pasan junto a nuestro grupo y ven Las Biblias abiertas y a discípulos entusiasmados. En cuatro semanas, 1600 personas pasarán junto a nuestro tranquilo testimonio 20/20/20. ¡En un año son casi 21.000 personas! Es cierto, muchos serán clientes que vuelven todos los días.

La pregunta más importante es: ¿cuántas de estas 21.000 personas verán Las Biblias abiertas? ¿Y a cuántas de ellas les hablará Dios con toda suavidad? Los que tienen dificultades en sus matrimonios pensarán: "Si hubiera estado haciendo esto, tal vez no estaría en este lío". Otros tendrán problemas financieros o estarán empantanados en un problema, y Dios quizá use esa experiencia para atraerlos hacia sí con todo su amor.

Hay miles y miles de oportunidades para Cristo.

¿Se le ocurre algo mejor que esto, mientras en silencio busca oír a Dios? Son miles y miles de semillas para la cosecha, sembradas mientras usted está, allí sentado con los mentores divinos que le narran sus historias y le enseñan lecciones.

Como María, sentada a los pies del Señor y escuchando su Palabra, su cita diaria con Dios puede hacer que Él use a su pequeño grupo para tocar las vidas de incontable cantidad de almas.

Y eso no es todo. Si a eso le añadimos todos los "grupos de vida" de toda la iglesia, el total es una suma increíble. *¡Podemos llegar a toda la ciudad, con un reavivamiento de La Palabra de Dios!*

Adopte el hábito de reunirse para su devocional, preferentemente en un lugar público y adecuado. Le sorprenderá ver el impacto de largo alcance que puede tener.

¿CUÁN GRANDE?

Hay quienes preguntan: "¿Qué hacen cuando llegan a tener más de cinco o seis personas? ¿Pueden formar grupos con veinte, y que sigan siendo grupos pequeños? Y si es así, ¿cómo podrían todos llegar a leer lo que escribieron en solo veinte minutos?".

Si el grupo llega a más de cinco o seis personas, podrá dividirlo en grupos más pequeños, de tres o cuatro. Además, la gente no se sentirá intimidada. Si está usted en un grupo de tres, y alguien escribió algo que teológicamente no corresponde, no será tan traumático indicárselo en amor, como lo sería si se hiciera ante veinte personas, por ejemplo.

"El hierro se afila con el hierro y el hombre en el trato con el hombre".[2] Siempre me propuse alentar a los más jóvenes de cada grupo y aprovecho la oportunidad de aplaudir a quien hay que aplaudir, como también corrijo cuando hace falta.

Los pares que aprenden a alentarse y corregirse los unos a los otros crean una atmósfera muy linda. Me gusta Romanos 15:14, que dice: *"Por mi parte, hermanos míos, estoy seguro de que ustedes mismos rebosan de bondad, abundan en conocimiento y están capacitados para instruirse unos a otros".* Estos grupos de vida nos permiten este privilegio, de poder instruirnos y amonestarnos sin devastarnos los unos a los otros.

CRECER DE MANERA NATURAL

Siempre me gustó Oregón en el verano (el invierno es otra cosa). Con mi motocicleta por el Paso McKenzie, siempre siento que mi alma toma vuelo. El aroma de los cedros me saluda con cada curva del camino, y la vista del monte McKenzie hace que el parabrisas se convierta en una pantalla de cine, que me muestra los verdes bosques del centro de Oregón.

Pero hay un panorama bellísimo, tal vez el más bello, que es el de las montañas fértiles vestidas con los colores de las flores silvestres. No hay patrones rígidos allí. No hay cuadrículas prolijas ni especies plantadas en canteros. La belleza radica en la alfombra verde salpicada de colores pastel, con la coreografía de la Naturaleza.

DEFINICIÓN DE "PROMOCIÓN"

:: guía bíblica

La exaltación no viene del oriente, ni del occidente ni del sur, sino que es Dios el que juzga: a unos humilla y a otros exalta (Salmo 75:6-7)

:: ubicación en contexto

Ser promovido. Promoción. Es una palabra que nos encanta porque suele significar más... bueno, lo que sea: más dinero, más autos, más ropa... ¡más cosas! Y por lo general, no pensamos en que significa también más responsabilidad o más trabajo.

Casi siempre asociamos lo que implique más dinero con la felicidad, la satisfacción y el contento. Pero allí termina el mito. Si me promueven, y no mido correctamente lo que implica mi promoción, estaré robándome tiempo, y la promoción podrá robarme también a mi familia, mi tarea en el ministerio y hasta mi futuro. Podrá significar que pasaré menos tiempo en casa o menos tiempo con Dios.

La definición correcta de promoción sería "otro paso más hacia el cumplimiento de mi llamado" o "una mayor oportunidad para utilizar mis dones".

:: implementación

No hay que dejarse engañar, pensando que todas las "oportunidades" vienen de Dios. Si solo quiero más dinero, el diablo puede muy bien arreglárselas para darme la oportunidad (pienso en las "promociones" que le ofreció a Jesús en Lucas 4). Si la promoción significa alejarme más de lo que es más valioso –aunque venga con un millón de dólares–, ¡mejor será no aceptarla!

Sin embargo, el Señor sí nos da promociones de verdad. Sus promociones nos llevan un paso más cerca de Él, aun cuando no tengan nada que ver con el dinero. El elemento más importante en la promoción de Dios es que vendrá con sus bendiciones. No importa qué suceda en otros aspectos, es la promoción que nos hace ricos como no podría hacerlo jamás el dinero.

:: amén, que así sea

Gracias, Padre, por ayudarme siempre a definir las cosas correctamente. Porque de otro modo pensaría que todo lo que incluye más dinero viene "de ti". Has dicho que toda planta que no plantaste será arrancada (Mateo 15:13). Por favor, ayúdame a saber con certeza si lo que recibo es una planta plantada por ti o por otro.

Los grupos de vida son así.

Me recuerdan a una ladera tapizada con flores silvestres, con el follaje que pinta grietas e imperfecciones del paisaje con la suavidad de la gracia. El Señor esparce las flores como si fueran estrellas, hasta que las colinas brillan con vívidos colores y tonos primaverales.

Por algún motivo, algunas florecerán, en tanto otras dan lugar a plantas nuevas. Hay bellezas sin descubrir, que yacen bajo la superficie y explotan a la luz del sol cuando las lluvias despiertan su crecimiento.

LA SEÑAL DEL FIN DE LA HAMBRUNA

Como vimos antes, el profeta Amós habló de una hambruna que cubriría toda la tierra: *"... no será hambre de pan ni sed de agua, sino hambre de oír las palabras del SEÑOR".*[3] Es hora de que terminemos con esa hambruna; y en muchos lugares, ya está acabando. Denominaciones enteras adoptan la modalidad de los grupos de vida. Por ejemplo, algunos líderes de las iglesias metodistas unidas y el Ejército de Salvación se han unido a la lucha contra el hambre del que habló Amós. Los bautistas, carismáticos y luteranos están haciendo lo mismo. Es hora de que la Iglesia vuelve a levantarse en toda su belleza. ¡Qué crezcan como flores silvestres! Entonces se verá el esplendor.

CULTIVAR UNA CULTURA

En uno de nuestros últimos libros, *Culture Shift* (Cambio cultural),[4] decimos que toda iglesia tiene su cultura. Tal vez no sea la que nos gusta, pero cada iglesia tiene la suya. Para poder desarrollar el entorno adecuado, primero hay que identificar esa cultura y acordar que es la de esa iglesia.

Al princpio, en New Hope decidimos que uno de los rasgos distintivos de la cultura de nuestra iglesia sería la devoción permanente a Dios y su Palabra. Esto se ha convertido en uno de los pilares más fuertes de New Hope en su corta historia de doce años.

Cuando uno convierte el devocional grupal en costumbre diaria, le sorprende lo rápido que se fortalece la cultura. ¡Sin que importe la edad de las personas! Incluso nuestros miembros más jóvenes, los niños de escuela primaria, lo hacen con su *Children´s Journal*. Y los de escuela secundaria utilizan el *First Steps Journal*.

Cuando en los grupos se reúnen personas de edades diversas para leer la palabra y escribir sus diarios, uno empieza a formar una cultura potente que se convierte en un megáfono silencioso, que no hace ruido, pero está inequívocamente allí.

Mi objetivo es el de seguir desarrollando una cultura de permanente devoción a Dios y su Palabra, y seguir cultivándola hasta que prevalezca en toda la iglesia.

Pero debo destacar un aspecto que es de gran importancia: ¡los devocionales no son un programa! Son parte de una cultura, de un entorno, casi como un ADN compartido. El diario devocional es un hábito de los líderes en un principio, y luego, cuando se ha establecido este hábito, se forma la cultura que va contagiando hasta a los más jóvenes. Esto ha de ser uno de los valores principales, centrales. Nada cobra valor si uno no le dedica tiempo, esfuerzo y recursos. Hay que invertir en ello. Será el emprendimiento más importante, la inversión más grande en el crecimiento y desarrollo de la iglesia. Tómese el tiempo que haga falta para formar un sistema en que día a día el Espíritu Santo sea el mentor de cada uno.

¿CUÁL ES SU OASIS?

Recuerdo momentos en que, siendo un joven padre con dos niños todavía en pañales, sencillamente no podía buscar un lugar tranquilo fuera de casa para mis devocionales cada mañana y dejar a los niños con mi esposa. La experiencia personal y las consecuencias pasadas me hicieron ver que no podía hacerlo. Así que, necesitaba otra opción.

Le pedía a mi esposa que me concediera cuarenta y cinco minutos a solas, y me sentaba en el auto. El auto se convirtió entonces en un refugio, en un oasis para mí. Era cómodo, podía escuchar música suave y hasta poner el aire acondicionado si hacía mucho calor. Decidí que tenía que dar prioridad al crecimiento de mis raíces.

¿Por qué le cuento esto? Porque tendrá que encontrar usted un lugar que sea el más adecuado. Claro que si es un gigante espiritual como lo era Susana Wesley, con solo taparse la cabeza con el delantal (como lo hacía ella) y olvidarse del mundo por unos momentos, ¡podrá pasar tiempo a solas con el Señor!

Si no ha empezado aún, ha llegado la hora. Haga la prueba de escribir en su diario devocional.

1. Encuentre el texto bíblico para el día de hoy en el plan de lectura que hay a continuación.

2. Lea los pasajes y encuentre el que le habla directo al corazón.
3. Siga el método GUÍA y comience. Al final de este capítulo, encontrará una página para escribir su diario. Hay más como esa a partir de la página número xxx.

PLAN DE LECTURA DE LA BIBLIA[5]

Su plan de lectura personal lo llevará a recorrer
La Biblia entera en un año

ENERO

1 ☐ Gn 1-2; Lc 1
2 ☐ Gn 3-5; Lc 2
3 ☐ Gn 6-8; Lc 3
4 ☐ Gn 9-11; Lc 4
5 ☐ Gn12-14; Lc 5
6 ☐ Gn 15-17; Lc 6
7 ☐ Gn 18-19; Sal 3; Lc 7
8 ☐ Gn 20-22; Lc 8
9 ☐ Gn 23-24; Lc 9
10 ☐ Gn 25-26; Sal 6; Lc 10
11 ☐ Gn 27-28; Sal 4; Lc 11
12 ☐ Gn 29-30; Lc 12
13 ☐ Gn 31-33; Lc 13
14 ☐ Gn 34-36; Lc 14
15 ☐ Gn 37-38; Sal 7; Lc 15
16 ☐ Gn 39-41; Lc 16
17 ☐ Gn 42-43; Sal 5; Lc 17
18 ☐ Gn 44-46; Lc 18
19 ☐ Gn 47-48; Sal 10; Lc 19
20 ☐ Gn 49-50; Sal 8; Lc 20
21 ☐ Éx 1-2; Sal 88; Lc 21
22 ☐ Éx 3-5; Lc 22
23 ☐ Éx 6-8; Lc 23
24 ☐ Éx 9-11; Lc 24
25 ☐ Éx 12-13; Sal 21; Hch 1
26 ☐ Éx 14-16; Hch 2
27 ☐ Éx 17-20; Hch 3
28 ☐ Éx 21-22; Sal 12; Hch 4
29 ☐ Éx 23-24; Sal 14; Hch 5
30 ☐ Éx 25-27; Hch 6
31 ☐ Éx 28-29; Hch 7

FEBRERO

1 ☐ Éx 30-32; Hch 8
2 ☐ Éx 33-34; Sal 16; Hch 9
3 ☐ Éx 35-36; Hch 10
4 ☐ Éx 37-38; Sal 19; Hch 11
5 ☐ Éx 39-40; Sal 15; Hch 12
6 ☐ Lv 1-3; Hch 13
7 ☐ Lv 4-6; Hch 14
8 ☐ Lv 7-9; Hch 15
9 ☐ Lv 10-12; Hch 16
10 ☐ Lv 13-14; Hch 17
11 ☐ Lv 15-17; Hch 18
12 ☐ Lv 18-19; Sal 13; Hch 19
13 ☐ Lv 20-22; Hch 20
14 ☐ Lv 23-24; Sal 24; Hch 21
15 ☐ Lv 25; Sal 25-26; Hch 22
16 ☐ Lv 26-27; Hch 23
17 ☐ Nm 1-2; Hch 24
18 ☐ Nm 3-4; Hch 25
19 ☐ Nm 5-6; Sal 22; Hch 26
20 ☐ Nm 7; Sal 23; Hch 27
21 ☐ Nm 8-9; Hch 28
22 ☐ Nm 10-11; Sal 27; Mr 1
23 ☐ Nm 12-13; Sal 90; Mr 2
24 ☐ Nm 14-16; Mr 3
25 ☐ Nm 17-18; Sal 29; Mr 4
26 ☐ Nm 19-20; Sal 28; Mr 5
27 ☐ Nm 21-23; Mr 6-7
28 ☐ Nm 24-27; 1 Co 13

MARZO

1 ☐ Nm 28-29; Mr 8

2 ❑ Nm 30-31; Mr 9
3 ❑ Nm 32-33; Mr 10
4 ❑ Nm 34-36; Mr 11
5 ❑ Dt 1-2; Mr 12
6 ❑ Dt 3-4; Sal 36; Mr 13
7 ❑ Dt 4-6; Sal 43; Mr 14
8 ❑ Dt 7-9; Mr 15
9 ❑ Dt 10-12; Mr 16
10 ❑ Dt 13-15; Gá 1
11 ❑ Dt 16-18; Sal 38; Gá 2
12 ❑ Dt 19-21; Gá 3
13 ❑ Dt 22-24; Gá 4
14 ❑ Dt 25-27; Gá 5
15 ❑ Dt 28-29; Gá 6
16 ❑ Dt 30-31; Sal 40; 1 Co 1
17 ❑ Dt 32-34; 1 Co 2
18 ❑ Jos 1-2; Sal 37; 1 Co 3
19 ❑ Jos 3-6; 1 Co 4
20 ❑ Jos 7-9; Sal 69; 1 Co 5
21 ❑ Jos 9-11; 1 Co 6
22 ❑ Jos 12-14; 1 Co 7
23 ❑ Jos 15-17; 1 Co 8
24 ❑ Jos 18-20; 1 Co 9
25 ❑ Jos 21-22; Sal 47; 1 Co 10
26 ❑ Jos 23-24; Sal 44; 1 Co 11
27 ❑ Jue 1-3; 1 Co 12
28 ❑ Jue 4-5; Sal 39, 41; 1 Co 13
29 ❑ Jue 6-7; Sal 52; 1 Co 14
30 ❑ Jue 8; Sal 42; 1 Co 15
31 ❑ Jue 9-10; Sal 49; 1 Co 16

ABRIL

1 ❑ Jue 11-12; Sal 50; 2 Co 1
2 ❑ Jue 13-16; 2 Co 2
3 ❑ Jue 17-18; Sal 89; 2 Co 3
4 ❑ Jue 19-21; 2 Co 4
5 ❑ Rt 1-2; Sal 53, 61; 2 Co 5

6 ❑ Rt 3-4; Sal 64-65; 2 Co 6
7 ❑ 1 S 1-2; Sal 66; 2 Co 7
8 ❑ 1 S 3-5; Sal 77; 2 Co 8
9 ❑ 1 S 6-7; Sal 72; 2 Co 9
10 ❑ 1 S 8-10; 2 Co 10
11 ❑ 1 S 11-12; 1 Cr 1; 2 Co 11
12 ❑ 1 S 13; 1 Cr 2-3; 2 Co 12
13 ❑ 1 S 14; 1 Cr 4; 2 Co 13
14 ❑ 1 S 15, 16; 1 Cr 5; Mt 1
15 ❑ 1 S 17; Sal 9; Mt 2
16 ❑ 1 S 18; 1 Cr 6; Sal 11; Mt 3
17 ❑ 1 S 19; 1 Cr 7; Sal 59; Mt 4
18 ❑ 1 S 20-21; Sal 34; Mt 5
19 ❑ 1 S 22; Sal 17, 35; Mt 6
20 ❑ 1 S 23; Sal 31, 54; Mt 7
21 ❑ 1 S 24; Sal 57-58; 1 Cr 8; Mt 8
22 ❑ 1 S 25-26; Sal 63; Mt 9
23 ❑ 1 S 27; Sal 141; 1 Cr 9; Mt 10
24 ❑ 1 S 28-29; Sal 109; Mt 11
25 ❑ 1 S 30-31; 1 Cr 10; Mt 12
26 ❑ 2 S 1; Sal 140; Mt 13
27 ❑ 2 S 2; 1 Cr 11; Sal 142; Mt 14
28 ❑ 2 S 3; 1 Cr 12; Mt 15
29 ❑ 2 S 4-5; Sal 139; Mt 16
30 ❑ 2 S 6; 1 Cr 13; Sal 68; Mt 17

MAYO

1 ❑ 1 Cr 14-15; Sal 132; Mt 18
2 ❑ 1 Cr 16; Sal 106; Mt 19
3 ❑ 2 S 7; 1 Cr 17; Sal 2; Mt 20
4 ❑ 2 S 8-9; 1 Cr 18-19; Mt 21
5 ❑ 2 S 10; 1 Cr 20; Sal 20; Mt 22
6 ❑ 2 S 11-12; Sal 51; Mt 23
7 ❑ 2 S 13-14; Mt 24
8 ❑ 2 S 15-16; Sal 32; Mateo 25
9 ❑ 2 S 17; Sal 71; Mt 26
10 ❑ 2 S 18; Sal 56; Mt 27

11 ☐ 2 S 19-20; Sal 55; Mt 28

12 ☐ 2 S 21-23; 1 Ti 1

13 ☐ 2 S 24; 1 Cr 21; Sal 30; 1 Ti 2

14 ☐ 1 Cr 22-24; 1 Ti 3

15 ☐ 1 Cr 25-27; 1 Ti 4

16 ☐ 1 R 1; 1 Cr 28; Sal 91; 1 Ti 5

17 ☐ 1 R 2; 1 Cr 29; Sal 95; 2 Ti 1

18 ☐ 1 R 3; 2 Cr 1; Sal 78; 2 Ti 2

19 ☐ 1 R 4-5; 2 Cr 2; Sal 101; 2 Ti 3

20 ☐ 1 R 6; 2 Cr 3. Sal 97; Ro 1

21 ☐ 1 R 7; 2 Cr 4; Sal 98; Ro 2

22 ☐ 1 R 8; 2 Cr 5; Sal 99; Ro 3

23 ☐ 2 Cr 6-7; Sal 135; Ro 4

24 ☐ 1 R 9; 2 Cr 8; Sal 136; Ro 5

25 ☐ 1 R 10-11; 2 Cr 9; Ro 6

26 ☐ Pr 1-3; Ro 7

27 ☐ Pr 4-6; Ro 8

28 ☐ Pr 7-9; Ro 9

29 ☐ Pr 10-12; Ro 10

30 ☐ Pr 13-15; Ro 11

31 ☐ Pr 16-18; Ro 12

JUNIO

1 ☐ Pr 19-21; R 13

2 ☐ Pr 22-24; Ro 14

3 ☐ Pr 25-27; Ro 15

4 ☐ Pr 28-29; Sal 60; Ro 16

5 ☐ Pr 30-31; Sal 33; Ef 1

6 ☐ Ec 1-3; Sal 45; Ef 2

7 ☐ Ec 4-6; Sal 18; Ef 3

8 ☐ Ec 7-9; Ef 4

9 ☐ Ec 10-12; Sal 94; Ef 5

10 ☐ Cnt 1-4; Ef 6

11 ☐ Cnt 5-8; Fil 1

12 ☐ 1 R 12; 2 Cr 10-11; Fil 2

13 ☐ 1 R 13-14; 2 Cr 12; Fil 3

14 ☐ 1 R 15; 2 Cr 13-14; Fil 4

15 ☐ 1 R 16; 2 Cr 15-16; Col 1

16 ☐ 1 R 17-19; Col 2

17 ☐ 1 R 20-21; 2 Cr 17; Col 3

18 ☐ 1 R 22; 2 Cr 18-19; Col 4

19 ☐ 2 R 1-3; Sal 82; 1 Ti 1

20 ☐ 2 R 4-5; Sal 83; 1 Ti 2

21 ☐ 2 R 6-7; 2 Cr 20; 1 Ti 3

22 ☐ 2 R 8-9; 2 Cr 21; 1 Ti 4

23 ☐ 2 R 10; 2 Cr 22-23; 1 Ti 5

24 ☐ 2 R 11-12; 2 Cr 24; 1 Ti 6

25 ☐ Jl 1-3; 2 Ti 1

26 ☐ Jon 1-4; 2 Ti 2

27 ☐ 2 R 13-14; 2 Cr 25; 2 Ti 3

28 ☐ Am 1-3; Sal 80; 2 Ti 4

29 ☐ Am 4-6; Sal 86-87; Tit 1

30 ☐ Am 7-9; Sal 104; Tit 2

JULIO

1 ☐ Is 1-3; Tit 3

2 ☐ Is 4-5; Sal 115-116; Jud

3 ☐ Is 6-7; 2 Cr 26-27; Flm

4 ☐ 2 R 15-16; Os 1; Heb 1

5 ☐ Os 2-5; Heb 2

6 ☐ Os 6-9; Heb 3

7 ☐ Os 10-12; Sal 73; Heb 4

8 ☐ Os 13-14; Sal 100, 102; Heb 5

9 ☐ Mi 1-4; Heb 6

10 ☐ Mi 5-7; Heb 7

11 ☐ Is 8-10; Heb 8

12 ☐ Is 11-14; Heb 9

13 ☐ Is 15-18; Heb 10

14 ☐ Is 19-21; Heb 11

15 ☐ Is 22-24; Heb 12

16 ☐ Is 25-28; Heb 13

17 ☐ Is 29-31; Stg 1

18 ☐ Is 32-35; Stg 2

19 ☐ 2 R 17; 2 Cr 28; Sal 46; Stg 3

20 ❑ 2 Cr. 29-31; Stg 4
21 ❑ 2 R 18-19; 2 Cr 32; Stg 5
22 ❑ Is 36-37; Sal 76; 1 P 1
23 ❑ 2 R 20; Is 38-39; Sal 75; 1 P 2
24 ❑ Is 40-42; 1 P 3
25 ❑ Is 43-45; 1 P 4
26 ❑ Is 46-49; 1 P 5
27 ❑ Is 50-52; Sal 92; 2 P 1
28 ❑ Is 53-56; 2 P 2
29 ❑ Is 57-59; Sal 103; 2 P 3
30 ❑ Is 60-62; Jn 1
31 ❑ Is 63-64; Sal 107; Jn 2

AGOSTO

1 ❑ Is 65-66; Sal 62; Jn 3
2 ❑ 2 R 21; 2 Cr 33; Jn 4
3 ❑ Neh 1-3; Jn 5
4 ❑ 2 R 22; 2 Cr 34; Jn 6
5 ❑ 2 R 23; 2 Cr 35; Jn 7
6 ❑ Hab 1-3; Jn 8
7 ❑ Sof 1-3; Jn 9
8 ❑ Jer 1-2; Jn 10
9 ❑ Jer 3-4; Jn 11
10 ❑ Jer 5-6; Jn 12
11 ❑ Jer 7-9; Jn 13
12 ❑ Jer 10-12; Jn 14
13 ❑ Jer 13-15; Jn 15
14 ❑ Jer 16-17; Sal 96; Jn 16
15 ❑ Jer 18-20; Sal 93; Jn 17
16 ❑ 2 R 24; Jer 22; Sal 112; Jn 18
17 ❑ Jer 23, 25; Jn 19
18 ❑ Jer 26, 35-36; Jn 20
19 ❑ Jer 45-47; Sal 105; Jn 21
20 ❑ Jer 48-49; Sal 67; 1 Jn 1
21 ❑ Jer 21, 24, 27; Salmo 118; 1 Jn 2
22 ❑ Jer 28-30; 1 Jn 3
23 ❑ Jer 31-32; 1 Jn 4

24 ❑ Jer 33, 34; Sal 74; 1 Jn 5
25 ❑ Jer 37-39; Sal 79; 2 Jn
26 ❑ Jer 50,51; 3 Jn
27 ❑ Jer 52; Ap 1; Sal 143, 144
28 ❑ Ez 1-3; Ap 2
29 ❑ Ez 4-7; Ap 3
30 ❑ Ez 8-11; Ap 4
31 ❑ Ez 12-14; Ap 5

SEPTIEMBRE

1 ❑ Ez 15-16; Sal 70; Ap 6
2 ❑ Ez 17-19; Ap 7
3 ❑ Ez 20-21; Sal 111; Ap 8
4 ❑ Ez 22-24; Ap 9
5 ❑ Ez 25-28; Ap 10
6 ❑ Ez 29-32; Ap 11
7 ❑ 2 R 25; 2 Cr 36; Jer 40-41; Ap 12
8 ❑ Jer 42-44; Sal 48; Ap 13
9 ❑ Lm 1-2; Abd; Ap 13
10 ❑ Lm 3-5; Ap 15
11 ❑ Dn 1-2; Ap 16
12 ❑ Dn 3-4; Sal 81; Ap 17
13 ❑ Ez 33-35; Ap 18
14 ❑ Ez 36-37; Sal 110; Ap 19
15 ❑ Ez 38-39; Sal 145; Ap 20
16 ❑ Ez 40-41; Sal 128; Ap 21
17 ❑ Ez 42-44; Ap 22
18 ❑ Ez 45-46; Lc 1
19 ❑ Ez 47-48; Lc 2
20 ❑ Dn 5-6; Sal 130; Lc 3
21 ❑ Dn 7-8; Sal 137; Lc 4
22 ❑ Dn 9-10; Sal 123; Lc 5
23 ❑ Dn 11-12; Lc 6
24 ❑ Esd 1; Sal 84-85; Lc 7
25 ❑ Esd 2-3; Lc 8
26 ❑ Esd 4; Sal 113, 127; Lc 9
27 ❑ Hag 1-2; Sal 129; Lc 10

28 ❑   Zac 1-3; Lc 11

29 ❑   Zac 4-6; Lc 12

30 ❑   Zac 7-9; Lc 13

Octubre

1 ❑   Zac 10-12; Sal 126; Lc 14

2 ❑   Zac 13-14; Sal 147; Lc 15

3 ❑   Esd 5-6; Sal 138; Lc 16

4 ❑   Est 1-2; Sal 150, Lc 17

5 ❑   Est 3-8; Lc 18

6 ❑   Est 9-10; Lc 19

7 ❑   Esd 7-8; Lc 20

8 ❑   Esd 9-10; Sal 131; Lc 21

9 ❑   Neh 1-2; Sal 133-134; Lc 22

10 ❑   Neh 3-4; Lc 23

11 ❑   Neh 5-6; Sal 146; Lc 24

12 ❑   Neh 7-8; Hch 1

13 ❑   Neh 9-10; Hch 2

14 ❑   Neh 11-12; Sal 1; Hch 3

15 ❑   Neh 13; Mal 1-2; Hch 4

16 ❑   Mal 3-4; Sal 148; Hch 5

17 ❑   Job 1-2; Hch 6-7

18 ❑   Job 3-4; Hch 8-9

19 ❑   Job 5; Sal 108; Hch 10-11

20 ❑   Job 6-8; Hch 12

21 ❑   Job 9-10; Hch 13-14

22 ❑   Job 11-12; Hch 15-16

23 ❑   Job 13-14; Hch 17-18

24 ❑   Job 15; Hch 19-20

25 ❑   Job 16; Hch 21-23

26 ❑   Job 17; Hch 24-26

27 ❑   Job 18; Sal 114; Hch 27-28

28 ❑   Job 18; Mr 1-2

29 ❑   Job 20; Mr 3-4

30 ❑   Job 21; Mr 4-6

31 ❑   Job 22; Mr 7-8

Noviembre

1 ❑   Sal 121, Mr 9-10

2 ❑   Job 23, 24; Mr 11-12

3 ❑   Job 25; Mr 13-14

4 ❑   Job 26-27; Mr 15-16

5 ❑   Job 28-29; Gá 1-2

6 ❑   Job 30; Sal 120; Gá 3-4

7 ❑   Job 31-32; Gá 4-6

8 ❑   Job 33; 1 Co 1-3

9 ❑   Job 34; 1 Co 4-6

10 ❑   Job 35-36; 1 Co 7-8

11 ❑   Sal 122; 1 Co 9-11

12 ❑   Job 37-38; 1 Co 12

13 ❑   Job 39-40; 1 Co 13-14

14 ❑   Sal 149; 1 Co 15-16

15 ❑   Job 41-42; 2 Co 1-2

16 ❑   2 Co 3-6

17 ❑   2 Co 7-10

18 ❑   Sal 124; 2 Co 11-13

19 ❑   Mt 1-4

20 ❑   Mt 5-7

21 ❑   Mt 8-10

22 ❑   Mt 11-13

23 ❑   Mt 14-16

24 ❑   Mt 17-19

25 ❑   Mt 20-22

26 ❑   Mt 23-25

27 ❑   Sal 125; Mt 26-27

28 ❑   Mt 28; 1 Ts 1-3

29 ❑   1 Ts 4-5; 2 Ts 1-3

30 ❑   Ro 1-4

Diciembre

1 ❑   Ro 5-8

2 ❑   Ro 9-12

3 ❑   Ro 13-16

4 ❑   Ef 1-4

5 ❑ Ef 5-6; Salmo 119:1-80
6 ❑ Fil 1-4
7 ❑ Col 1-4
8 ❑ 1 Ti 1-4
9 ❑ 1 Ti 5-6; Tit 1-3
10 ❑ 2 Ti 1-4
11 ❑ Film; Heb 1-4
12 ❑ Heb 5-8
13 ❑ Heb 9-11
14 ❑ Heb 12-13; Jud
15 ❑ Stg 1-4
16 ❑ 1 P 1-5
17 ❑ 2 P 1-3; Jn 1
18 ❑ Jn 2-4
19 ❑ Jn 5-6
20 ❑ Jn 7-8
21 ❑ Jn 9-11
22 ❑ Jn 12-14
23 ❑ Jn 15-18
24 ❑ Jn 19-21
25 ❑ 1 Jn 1-5
26 ❑ Sal 117, 119: 81-176; 2 Jn; 3 Jn
27 ❑ Ap 1-4
28 ❑ Ap 5-9
29 ❑ Ap 10-14
30 ❑ Ap 15-18
31 ❑ Ap 19-22

TÍTULO

:: guía bíblica

_____
_____
_____
_____
_____
_____

:: ubicación en contexto

_____
_____
_____
_____
_____

:: implementación

_____
_____
_____
_____
_____

:: amén, que así sea

_____
_____
_____
_____
_____
_____

Capítulo 11

LA VOZ DE DIOS DELEITA

*"Al encontrarme con tus palabras, yo las devoraba;
ellas eran mi gozo y la alegría de mi corazón, porque yo llevo tu nombre,
Señor, Dios Todopoderoso".* [1]

Hace unos años, hice un viaje de enseñanza a China. Se reunían veinte líderes del movimiento de iglesias hogareñas de una de las provincias cercanas, con el objeto de capacitarse. Se me había indicado que debía comenzar a las ocho de la mañana y enseñar hasta las seis de la tarde, con una pausa para el almuerzo. Sería ese el régimen durante los tres días. Fue cansador, pero también, una de las experiencias más conmovedoras de mi vida.

Habían viajado trece horas en tren. Y se reunieron en un lugar predeterminado para luego llegar de a uno o de a dos, de manera de no despertar sospechas. Reunidos luego en una habitación pequeña y sofocante, se sentaban de piernas cruzadas en el piso. La mayoría eran granjeros muy humildes, con las caras surcadas por líneas que relataban historias de pruebas difíciles y perseverancia sobrenatural.

En ocasiones, cuando uno habla ante un grupo numeroso, espera que (si el día es bueno) más o menos un veinte o veinticinco por ciento de las personas absorban lo que se les dice. En este grupo, ¡todos estaban atentos y absorbían la enseñanza!

Con amplias sonrisas, parecían dar color a su vestimenta sencilla. Sentían hambre de oír lo que tenían para decir los narradores de La Biblia. Su avidez hizo que diera lo mejor de mí, y se empapaban en cada palabra como si nunca más fueran a tener oportunidad de reunirse así de nuevo... lo cual era bastante probable. Cuando elevaron sus manos en adoración, vi que por lo menos uno tenía cicatrices de su tiempo en prisión.

A poco de empezar, y con el objeto de conocernos más, les pedí que dijeran algo de sí mismos. Uno dijo con gozo que acababa de salir de la cárcel por quinta vez. En total, había pasado quince años en prisión.

¿Cuál había sido su delito? La fe en un Mesías invisible.

—¿Cuántos más han pasado tiempo en prisión a causa de su fe? —quise saber.

De los veinte presentes, dieciocho levantaron las manos.

—Si las autoridades del gobierno descubrieran esta reunión no autorizada, ¿qué pasaría?

—A cada uno se le sentenciaría a tres años de prisión y se nos deportaría dentro de las veinticuatro horas.

—¿No tienen miedo? —pregunté.

—No —respondieron con calma y confianza—. No tenemos miedo. Y si quiere usted enseñarnos un día más, nos quedaremos.

Los elogié por su fe, y me pregunté todo el tiempo si no eran ellos los que me estaban enseñando a mí. Como sabía que cada uno de estos santos veteranos supervisaba muchas iglesias hogareñas, seguí con mi sesión de acercamiento y pregunté:

—En total, ¿a cuántas personas supervisan en las iglesias hogareñas?

Después de calcular durante unos momentos, hubo un hombre que respondió.

—Veintidós millones.

No podía creer lo que oía.

—¿Veintidós millones? —tartamudeé.

—Sí —asintió—. Veintidós millones.

Hice una pausa para recuperar el aliento y empecé a enseñar. Teníamos dieciséis Biblias que habíamos traído y tenían que compartirlas. Hice que buscaran el capítulo 1 de la segunda carta de Pedro. Como íbamos a leer en voz alta, una anciana le entregó su Biblia a otro líder. Me pareció un tanto extraño porque teníamos pocas Biblias, pero no dije nada. Cuando comenzamos a leer, entendí por qué había dado su Biblia a otro. ¡Sabía el capítulo entero de memoria!

Durante la pausa, le pregunté cómo había podido memorizar una porción tan larga de Las Escrituras.

—He memorizado mucho más —respondió por medio de uno de nuestros intérpretes.

—Pero ¿cómo ha podido hacerlo si tienen tan pocas Biblias? —insistí.

–En la prisión –respondió la mujer.

Quise seguir indagando, así que pregunté:

–Pero si en prisión hubiera tenido una Biblia, ¿no se la habrían quitado?

–Sí. Y por eso la gente me traía pasajes de Las Escrituras copiados en hojas de papel.

–Pero ¿qué habría pasado si los guardias encontraban eso? ¿No se lo habrían quitado también?

–Sí. Por eso los memorizaba tan rápido como podía. Verá, pueden quitarme el papel, *pero no podrán quitarme lo que ya tengo escondido en mi corazón.*

Al cabo de dos días, me había enamorado ya de esta parte de la familia de Dios. Vi que podía hacer muy poco por ayudarlos en su ardua tarea de llegar con La Palabra a China, y en nuestra última sesión les pregunté:

–¿Qué puedo pedir en oración para ustedes?

–Que seamos como usted –respondieron de inmediato.

Uno de mis nuevos amigos continuó:

–No tenemos libertad de culto aquí. Solo hay unas pocas iglesias registradas y, cuando están llenas, ya no dejan entrar a nadie más. Pero en su país, pueden reunirse cuando quieran. Ore porque un día podamos llegar a ser como ustedes.

Meneé la cabeza, con mucha tristeza.

–No puedo hacer eso. No puedo orar por ustedes pidiendo eso.

–¿Cómo que no? –preguntaron, incrédulos.

Suspiré y dije:

–Han viajado trece horas en tren para llegar hasta aquí. En Norteamérica, si la iglesia está a más de treinta minutos de distancia, la gente ni siquiera va. Es demasiado lejos. Han estado sentados aquí sobre el piso de madera, sin aire acondicionado durante tres días. De donde vengo yo, si la gente no puede sentarse en sillas acolchadas y tener la comodidad del aire acondicionado, encuentran algo mejor para hacer. Ustedes no tienen suficientes Biblias, por lo que memorizan Las Escrituras, copiadas en hojas de papel. En los hogares cristianos de Norteamérica, la gente tiene muchas Biblias por familia, pero no siempre las leen. No puedo orar para que ustedes puedan parecerse a nosotros. Pero voy a orar... ¡pidiendo que nosotros podamos llegar a ser como ustedes!

NO HAY OTRO LIBRO IGUAL

¿Por qué corrían tantos riesgos estos líderes chinos, para reunirse a escuchar La Palabra de Dios? ¿Por qué valoraban tanto la sabiduría de La Biblia que ponían en riesgo sus vidas con tal de oír la voz del Señor? Porque conocen por experiencia el poder de La Palabra y su verdad. Saben que no hay arma que pueda con la espada del Espíritu, que derriba las fortalezas espirituales y conquista los santuarios enemigos. Creen en el Señor, cuando Él pregunta: "¿*No es acaso mi palabra como fuego, y como martillo que pulveriza la roca?*".[2] Y creen en el apóstol cuando declara:

> ... pues aunque vivimos en el mundo, no libramos batallas como lo hace el mundo. Las armas con que luchamos no son del mundo, sino que tienen el poder divino para derribar fortalezas. Destruimos argumentos y toda altivez que se levanta contra el conocimiento de Dios, y llevamos cautivo todo pensamiento para que se someta a Cristo.[3]

Estos líderes entienden que no hay otro libro en todo el mundo como La Biblia. Reconocen su inigualable autoridad así como su capacidad sobrenatural, a través del Espíritu, de hablar la verdad directamente a nuestros corazones para que, literalmente, podamos ser cada vez más como Cristo.

A veces decimos que La Biblia es "el libro de los libros". Eso significa sencillamente que se destaca de entre todo lo demás que se haya escrito o publicado, o que se escriba o publique en el futuro.

En varios hoteles, tal vez se guarden otros libros "sagrados" en los cajones de las mesas de luz. Pero ninguno se compara con La Biblia, porque no importa si la encuadernación es en cuero, si las hojas tienen filo dorado y están impresas en el más fino papel, o si la cinta es de raso o seda. Solamente son libros y siempre lo serán. Un día se quemarán, y cuando eso suceda, no despertarán ni el más vago recuerdo en toda la eternidad.

No hay libro que pueda compararse con La Palabra de Dios. Permítame mostrarle de qué manera Dios ha apartado este Libro, de todos los demás.

1) La Biblia es el único libro que Dios prometió inspirar

Es bueno leer clásicos como *Mero Cristianismo*, *En pos de lo supremo* o *Manantiales en el desierto*. Pero ninguno de estos libros tiene la inspiración que tiene La Biblia. Dios prometió inspirar un solo libro, y es el que contiene su Palabra.

Ante todo, tengan muy presente que ninguna profecía de la Escritura surge de la interpretación particular de nadie. Porque la profecía no ha tenido su origen en la voluntad humana, sino que los profetas hablaron de parte de Dios, impulsados por el Espíritu Santo.[5]

Toda la Escritura es inspirada por Dios y útil para enseñar, para reprender, para corregir y para instruir en la justicia, a fin de que el siervo de Dios esté enteramente capacitado para toda buena obra.[6]

Si usted quiere oír las palabras que Dios mismo inspiró y dio vida, tendrá que leer su Palabra. Otros libros podrán brindarle ayuda útil, historias conmovedoras, perspectivas únicas y conceptos memorables, pero La Biblia es el único libro que le dará el pensamiento de Dios en cada página, en cada párrafo, cada oración y cada palabra.

2) La Biblia es el único libro en el que están presentes todos los mentores divinos

Hay muchos mentores literarios fenomenales de quienes podemos aprender, entre ellos: Milton, Bunyan, Shakespeare, Dostoievsky. Y hay multitudes de brillantes e inteligentes mentores históricos, como Winston Churchill, Abraham Lincoln, Teresa de Ávila y Florence Nightingale. También hay mentores contemporáneos: mi amigo Duane fue uno de esos mentores para mí, hace años cuando trabajaba yo para Juventud para Cristo. Nos reuníamos todas las semanas para hablar sobre temas de vida y ministerio, y jamás olvidaré el tiempo que invirtió en mí y cómo me dio lo mejor de sí.

Pero hay un solo Libro en el que podemos reunirnos con todos los mentores especialmente seleccionados por Dios para que enseñen a los santos. Solamente los hombres y las mujeres de La Biblia son los mentores divinos designados por Dios. Él ha puesto su impronta en ellos y nada más que en ellos. Jesús lo reconoció y por eso los trataba como divinos mentores suyos al memorizar sus palabras, citar de sus libros y predicar a partir de sus ejemplos.

Aun encerrado en el fuego de la agonía, colgado de una viga de madera con clavos que atravesaban sus manos y sus pies, aun entonces citó las palabras de David: *"Dios mío, Dios mío, ¿por qué me has abandonado?"*.[6] De manera que si el Señor pone todo su peso tras estos mentores y tras el único libro en el que viven todos ellos, ¿no debiéramos hacer lo mismo?

3) Dios promete específicamente su bendición para los lectores de La Biblia

Dios nunca dice: "Si lees libros de C. S. Lewis, te bendeciré". Podría hacerlo, pero no nos promete tal cosa. Jamás dice: "Si lees el último libro de tu autor favorito, te bendeciré". Jamás promete bendecir a los lectores de ningún libro, excepto aquel del que Él es el autor. No San Agustín, ni Charles Spurgeon, ni Dwight L. Moody, ni Amy Carmichael ni Billy Graham. Todas esas personas son maravillosos autores, dignos de que leamos sus libros, pero solo uno se llama "La Palabra de Dios".

Escuche lo que Dios ofrece en el último libro de La Biblia, una promesa que no aparece en ningún otro lugar. Cuando Dios terminó su libro, dijo lo siguiente a través de su siervo Juan:

> Ésta es la revelación de Jesucristo, que Dios le dio para mostrar a sus siervos lo que sin demora tiene que suceder. Jesucristo envió a su ángel para dar a conocer la revelación a su siervo Juan, quien por su parte da fe de la verdad, escribiendo todo lo que vio, a saber, la palabra de Dios y el testimonio de Jesucristo. Dichoso el que lee y dichosos los que escuchan las palabras de este mensaje profético y hacen caso de lo que aquí está escrito, porque el tiempo de su cumplimiento está cerca.[7]

Si quiere la certeza de que Dios lo bendecirá, la forma más segura es leyendo el único libro que Él inspiró. ¡Tiene usted su promesa!

4) La Biblia es el único libro que vivirá por siempre

> La hierba se seca y la flor se marchita, pero la palabra de nuestro Dios permanece para siempre.[8]

Muchas veces hablamos sobre libros "inmortales" que perduran a lo largo de los siglos, pero el hecho es que la mayoría caen en el olvido apenas surge otro libro "inmortal". Los éxitos de librería de ayer rara vez siguen siendo tan exitosos hoy. Claro que hay una gran excepción. La Biblia sigue siendo el libro de más ventas en todo el planeta y ha ocupado ese puesto desde que se inventó la imprenta. Los escépticos, los dictadores y los diversos personajes antagónicos a La Palabra han intentado borrar su existencia o impedir su difusión.

Pero ocurre algo curioso. Los opositores mueren y van pasando uno tras otro, en tanto La Biblia sigue viva. El héroe de la Iluminación Francesa, Voltaire, afirmó una vez que con sus esfuerzos y los de otros racionalistas como él, La Biblia desaparecería del planeta en una sola generación. Una generación más tarde en la casa donde vivía Voltaire, se imprimían Biblias.

Aquí está lo que dice Dios sobre la longevidad de su libro:

Tu palabra, Señor, es eterna, y está firme en los cielos. [9]

Les aseguro que mientras existan el cielo y la tierra, ni una letra ni una tilde de la ley desaparecerán hasta que todo se haya cumplido.[10]

Algún día en el cielo, sea dentro de una semana o un milenio, tal vez usted esté descansando en su mansión celestial, oyendo un coro de ángeles mientras medita en Juan 3:16. ¡Es posible! Porque La Palabra de Dios seguirá estando allí, viva y activa, ofreciéndole su inacabable sabiduría.

INSPIRADA: CONFIABLE Y PRECISA

La infalibilidad de La Biblia puede afirmarse por su cien por ciento de precisión para predecir el futuro. Es lo que se conoce como *profecías*. El Antiguo Testamento, escrito entre 1450 y 430 a. C. aproximadamente, predijo muchos de los sucesos futuros que luego se registraron, y todos sucedieron exactamente tal como estaban profetizados. No hay ningún otro "escrito sagrado" que tenga un historial de precisión igual al de La Biblia.

Y de las muchas profecías registradas, las más conmovedoras son las predicciones sobre un "ungido" (*Mesías* en hebreo) que redimiría a su pueblo. Cerca del año 4 a. C., ocurrió algo milagroso. Un niño llamado Jesús nació de una mujer virgen llamada María. El Evangelio de Lucas registra su historia en detalle. Y luego, a los treinta años de edad, Jesús comenzó a cumplir cada vez más de estas profecías que se habían escrito sobre el Mesías judío cuya genealogía lo identificaría como descendiente de David.

El cumplimiento de estas profecías fue espectacular. Jesús hacía que los cojos caminaran, sanaba a los leprosos, dio vista a los ciegos y oído a los sordos, y resucitó gente. Estos y muchos otros milagros sucedieron frente a miles de testigos durante tres años y medio. Cerca del año 30 a. C., Jesús fue crucificado como si fuera un ladrón común, en una cruz. Murió y al tercer día resucitó de entre los muertos (cumpliendo así tres profecías más). Lo vieron luego más de quinientos testigos. Las profecías escritas siglos antes se cumplieron. No hay duda de que los autores de La Biblia tenían la inspiración sobrenatural de Dios.

EMPAQUE Y MANIPULACIÓN

Que La Palabra sea "inmortal" no significa que no pueda ser malinterpretada. Los fariseos parecían destacarse en esto. Hubo una conversación entre el Mesías y sus opositores: *"¿Acaso no andan ustedes equivocados? –les replicó Jesús–. ¡Es que desconocen las Escrituras y el poder de Dios!"*.[11]

Fue recién en el siglo XVI, hace solo quinientos años, que los clérigos tenían que encadenar La Biblia al púlpito para que no la robaran. La Gran Biblia, autorizada por el Rey Enrique VIII debía leerse en voz alta en la Iglesia de Inglaterra. Obviamente, eran los clérigos quienes sabían cómo interpretar Las Escrituras y, por eso, solamente ellos estaban autorizados a leerla y luego explicarla a la gente común.

Durante esta época en la historia, Girolamo Savonarola predicó en contra de la corrupción en el clero, hasta que lo ejecutaron. El joven William Tyndale se horrorizó cuando le dijeron que podría estudiar teología, pero no Las Escrituras. Tyndale estaba convencido de que el camino a Dios era a través su Palabra y que esta debía estar al alcance de todos. En 1525 terminó de traducir La Biblia al idioma común de la gente.

Juan Calvino también apareció en escena denunciando la deshonestidad de los líderes de la Iglesia y contribuyendo a la Reforma. Los precursores de la Reforma fueron hombres como John Wycliffe y Martín Lutero, que disputaban la mala interpretación y errada aplicación de Las Escrituras, no por parte de la gente común sino por el clero.

Cada vez que comenzaba un reavivamiento o episodio de reforma, su epicentro estaba entre la gente común, a quienes La Palabra de Dios encendía con pasión. Se iniciaba el movimiento con un retorno a las raíces y el reclamo de su legado.

Si discernimos las señales de los tiempos, estamos en los últimos días. No sé en qué parte del último capítulo estamos, pero sí puedo decir que es el capítulo final. Y tendremos que tomar una decisión: abandonamos o persistimos. Será un momento de definición para la Iglesia. Pablo lo pronosticó: *"El Espíritu dice claramente que, en los últimos tiempos, algunos abandonarán la fe para seguir a inspiraciones engañosas y doctrinas diabólicas"*.[12]

La atención de algunos será captada por falsos líderes, e ingenuamente caerán ante sus palabras tentadoras, aunque engañosas. Solo por conocer la voz del Pastor, el pueblo de Dios se verá protegido de tironeos. Conociendo Las Escrituras, podremos discernir entre la verdad y el error, entre la luz y la oscuridad.

TESOROS OCULTOS

:: guía bíblica

Muchas son las angustias del justo, pero el Señor lo librará de todas ellas (Salmo 34:19).

:: ubicación en contexto

Sería mucho mejor, en mi opinión, que el versículo dijera: "El justo no tendrá aflicciones, porque tendrá la garantía de 'un viaje sin problemas'". Pero no es así. David escribió este salmo, y su vida no fue un viaje de placer, sino que estuvo repleta de dificultades y problemas. Sin embargo, también surge como la quintaesencia de lo mejor de Israel.

:: implementación

Dice: *"Muchas son las angustias del justo"*. Pero ¿significa esto que como recompensa por nuestros esfuerzos solo tendremos dolor? ¿Por qué querría Dios que tengamos aflicciones? Cuando pienso en mi vida, veo que cuando más crecí fue en aquellos momentos en que me envolvían las dificultades. Verá, las gemas más grandes no están en la cima de la montaña. Se encuentran abajo, cerca del valle. No siempre son tesoros nuevos, sino que a veces, son tesoros que pasé por alto y que durante mucho tiempo eché de menos.

Puede ser que apreciara lo que no era apreciable. O que se ausentara el amor. O que perdiera un compromiso o una visión. O que mi corazón estuviera puesto donde no debía. Pero cuando estos tesoros me fueron restaurados, ya no debí enfrentar las consecuencias de vivir sin ellos. Las aflicciones no son para nada divertidas. Y durante muchos años, preferí la diversión antes que el crecimiento. Ahora tengo que decidir: ¿necesito divertirme más? ¿O crecer más?

He decidido que necesito crecer... solo que cada tanto, quisiera divertirme un poco.

:: amén, que así sea

Padre, siempre me conmueve tu Palabra y la forma en que me habla con mayor claridad que el periódico que leo por las mañanas. Renovaré hoy los valores de mi corazón. Gracias por darme un futuro, una esperanza.

UNA VEZ MÁS: CORREGIR EL RUMBO DE REGRESO A LA FUENTE

La mejor interpretación de La Biblia es La Biblia misma, no otro libro ni la enseñanza de una denominación. Siempre corrija todo lo que lea mirando las acciones y el espíritu de Jesucristo. Vuelva a Él. No a un evangelista, ni a otro libro que lea ni a algo que haya visto en la televisión.

Siempre vuelva a la Fuente.

Tenía unos doce o trece años cuando mi padre decidió construir un cerco. Quería que las tablas estuvieran separadas de modo que el agua no dañara la madera. Para ello, tenía que poner espaciadores a intervalos equidistantes.

–Wayne –me dijo–. Quiero que cortes espaciadores de cinco centímetros, de estos listones que hay aquí. Mira cómo hay que hacerlo. Lo cortas y luego tomas este pedazo de cinco centímetros como regla. Lo usas para marcar todos los demás espaciadores que cortes. ¿Lo entiendes?

–Sí, Papá. Podré hacerlo (*¿qué tan difícil podía ser?*).

–Bien. Necesitaré unos doscientos separadores, así que mejor empieza a cortar ahora mismo.

Tomé uno de los listones, lo marqué como me había indicado mi padre y lo corté. Luego utilicé el trozo cortado para marcar el siguiente y eché al suelo el marcador. Con los trozos que iba cortando, marcaba dónde debía cortar el siguiente marcador... e iba echándolos en la pila, como me había explicado.

Bueno, no *exactamente*. Yo tenía mi sistema y podía hacerlo a mi modo. Estaba seguro de que le gustaría que su hijo fuera capaz de hacer todo este trabajo. A medida que continuaba, jamás se me ocurrió pensar que para marcar cada separador, estaba trazando una línea y que la mina del lápiz también tenía su grosor, aunque mínimo. Claro que después de doscientos marcadores, el ancho era muy diferente.

¿Ve hacia dónde apunto?

Más o menos a la hora de almorzar, hicimos una pausa, y mi padre por fin pudo ver su cerca. Hasta ese momento había estado ocupado clavando tablas y espaciadores. Pero ahora tomó distancia para mirar desde lejos lo que habíamos creado. De repente, frunció el ceño, confundido:

–¡Hombre! ¡Qué feo está este cerco!

Tomó uno de los últimos espaciadores que yo había cortado, lo midió y descubrió que medía siete centímetros y medio, en lugar de cinco. No estaba muy contento que digamos.

–¿Cómo los cortaste? –preguntó disgustado.

Cuando le mostré mi sistema me dijo con tono enojado:

–Siempre tienes que utilizar el trozo original para marcar el siguiente corte.

Muchos cristianos cometen un error similar. Se apartan sin darse cuenta y luego intentan corregir su rumbo siguiendo lo que haya dicho su autor contemporáneo favorito, el evangelista que dio una conferencia o el punto de vista de su denominación. Y aunque todos puedan tener razón, Dios no usó a ninguno de ellos para escribir La Biblia. Siempre hay que corregir el rumbo volviendo a la Fuente. LA FUENTE. No podemos darnos el lujo de no hacerlo.

VOCEROS DE DIOS

A medida que La Palabra de Dios nos vaya moldeando día a día, podremos ir convirtiéndonos en voceros que Él pueda utilizar. Escuche lo que le dijo a Jeremías:

...Si evitas hablar en vano, y hablas lo que en verdad vale, tú serás mi portavoz.[13]

Cuando aprendemos a extraer lo precioso de lo que no vale, Dios puede invitarnos a hablar como portavoces suyos. Hablar en su nombre. ¡Es increíble! Dios no busca gente llena de palabrerío bíblico y frases hechas. No necesita a quien tenga diplomas, maestrías o títulos en ciencias relacionales. Tampoco necesita disertantes que manipulen a la gente haciendo que sientan vergüenza o culpa para que oren más, para que den más, para que hagan más.

Dios llama a un vocero: el hombre o la mujer que hable de lo que Dios tiene en su corazón. Busca a alguien que hable de modo que se encienda una luz. Busca a los que conocen su corazón y su pasión por los perdidos.

ROGAR POR UN CAMBIO

Un amigo mío es pastor en Japón. Un día me contó cómo había recibido al Señor. En la universidad, tenía un compañero de cuarto que era cristiano. Mi amigo era budista y no quería saber nada de Jesús, pero su compañero de habitación oraba por él todos los días. Finalmente llegó el día de su graduación, y con ello, el momento en que se separarían.

–Por favor, John –dijo el cristiano con lágrimas en los ojos–. Te he llevado a estudios bíblicos. Te he llevado a la iglesia. Por favor, entrégale tu corazón al Señor.

–No –dijo John–. No.

–Por favor.

–No –repitió.

Su compañero entonces se arrodilló y dijo:

–Te lo ruego. Por favor.

–No –volvió a decir John con firmeza.

Poco después, sin embargo, John pensó en ese momento: *Jamás nadie me había rogado que le entregara mi corazón a Cristo. Debe amarme mucho.* Y eso fue lo que hizo que la bola empezar a rodar. John no solo recibió a Cristo, sino que eventualmente estudió para el ministerio y hoy es pastor de una iglesia de Okinawa, que crece día a día. A través de un vocero que supo cómo extraer lo precioso de lo que no valía, el corazón de Dios llegó a John no con ira ni con juicio sino con compasión y amor.

Dios sigue buscando voceros y voceras que tengan un corazón como este, para que lleven su Palabra a un mundo atrapado en la oscuridad entre el cielo y la tierra.

REFLEJAMOS NUESTRO ENTORNO. PARA MEJOR O PARA PEOR

¿No sería un honor y un privilegio ser voceros de Dios? "¿Qué hay que hacer?", me preguntará. Un buen punto de partida será permanecer cerca del corazón de Dios. Porque al permanecer cerca del corazón del Señor, uno se vuelve más como Él. Uno empieza a entender lo que está diciendo Dios, cómo lo dice, las palabras que usa, incluso con sus inflexiones. Y empieza a hacer y decir las mismas cosas.

Es lo que sucedió con Pedro y Juan, como lo cuenta el libro de los Hechos. Habían estado con Jesús durante mucho tiempo, y los demás notaban algo diferente en ellos:

> ... al ver la osadía con que hablaban Pedro y Juan, y al darse cuenta de que eran gente sin estudios ni preparación, quedaron asombrados y reconocieron que habían estado con Jesús.[14]

Uno no puede pasar mucho tiempo con alguien sin empezar a parecérsele, aunque sea un poco, sin que parte de su carácter se nos contagie. Jesús dijo: *"... todo el que haya completado su aprendizaje, a lo sumo llega al nivel de su maestro".*[15] Por eso, Pablo dijo también que hay que tener cuidado con las amistades que se eligen, porque *"Las malas compañías corrompen las buenas costumbres".*[16] Uno se parece a aquellas personas con las que más tiempo pasa.

Hace unos años, se estaba filmando en Hawái un especial de *Baywatch*, donde David Hasselhoff era el protagonista. Alex Daniels, que asistía a nuestra iglesia en esa época, era su doble. Me invitaron a ir al set de filmación para ver cómo trabajaban. La casa rodante de Hasselhoff tenía unas pesas junto a la puerta, para que pudiera hacer ejercicio antes de ir a la playa. Allí se había reunido un grupo de lindas modelos. Para mí era algo especial poder estar allí y ver a todas esas celebridades. Pensé: *A esto podría acostumbrarme sin problemas.*

En algún momento del segundo o tercer día, noté que se me habían pegado ciertas poses. Caminaba más erguido y con aire de... digamos... Elvis Presley. Hasta mi voz sonaba más gruesa y profunda. Recuerdo haber pasado junto a un espejo que estaba cerca de una de las casas rodantes y que entonces pensé: *¡Oh! ¿En qué me estoy convirtiendo? ¡Mejor vuelvo corriendo al mundo real!* Es que no me había gustado lo que me mostró el espejo.

Claro que lo mismo puede suceder en sentido inverso. Hace un tiempo solía pasar bastante tiempo con un querido anciano llamado Noel Campbell. Fue quien me ayudó a plantar una iglesia en Hilo. Era para mí un príncipe, y siempre terminaba sus conversaciones diciendo: "Te amo de verdad".

No eran solo palabras. Era tan genuino como el sol hawaiano. Siempre podía contar con él para oír palabras de aliento. Cada tanto, pero muy rara vez, yo predicaba un sermón muy bueno y después de la iglesia sentía la tentación de salir a correr por el estacionamiento, mientras saludaba con la mano en alto a algunos de los miembros de la congregación. Pero la mayoría de las veces, mis sermones no eran tan buenos. Si había predicado un sermón horrible, salía por la puerta trasera y allí estaba él, con su "Te amo de veras". Recuerdo haber dicho en ocasiones: "Me alegro de que por lo menos uno me ame".

Noel finalmente se retiró y volvió a Spokane, Washington. ¿Sabe usted qué pasó entonces? Me encontré diciendo al final de muchas de mis conversaciones: "Te amo de veras". Y lo decía con toda intención. Es bueno contagiarse los hábitos positivos de las personas con quienes pasamos el tiempo. Aun así, por muy buenos que sean sus amigos, no hay mejor compañía que la de los mentores de Las Escrituras.

UNA SOLA PERSONA, UNA LUZ

A medida que continuamos con los devocionales diarios, empezamos a entender lo que significa ser voceros de Dios. Nuestras palabras se parecen cada vez más a las palabras de Él. Edifican, dan vida, siempre las motiva el amor. ¿Sabe qué pasa cuando sus palabras adquieren esa cualidad? Las palabras del Señor empiezan a definirnos como discípulos suyos.

> El Señor omnipotente me ha concedido tener una lengua instruida, para sostener con mi palabra al fatigado.[17]

No necesitamos gente que solo presente elegancia y elocuencia de oratoria. Los que sufren no necesitan frases hechas que huelen a incienso. No necesitan palabras religiosas. *Necesitan a alguien, a una persona, que hable como vocero de Dios.* Un hombre y su mujer están hartos de pelear. *Necesitan a alguien que hable como vocero de Dios.* Un compañero de trabajo está agobiado. *Necesita a alguien que hable como vocero de Dios.* Cuando a un ser querido se le da un diagnóstico de cáncer, o cuando un ministro es presa del desánimo o cuando un santo cae en pecado, no necesitan a un asesino religioso. Necesitan a un verdadero y auténtico embajador. *Sea un embajador de Dios, amigo, y deleite el corazón del Señor.*

Se dice que en una expedición de la Segunda Guerra Mundial seis aviones partieron de un portaaviones de la Armada y dejaron caer sus bombas, para luego, bajo el oscuro manto de la noche, dar la vuelta y regresar a la base. Llamaron por radio pidiendo que el barco iluminara más la pista porque en medio del océano no podían ver la cubierta. Les respondieron que tenían que mantenerse en la oscuridad porque había aviones enemigos que buscaban barcos de los aliados. Los pilotos entonces emitieron una señal de socorro pidiendo luces porque sin ellas no verían el barco en medio del mar en esa noche tan oscura. El operador de la radio se negó a complacerlos.

–Entonces, al menos una sola luz –rogó el piloto del primer avión–. Una luz en la proa y trataremos de ubicarnos.

–Solo estamos cumpliendo órdenes –respondió por radio el operador–. Lo lamento. Lo lamento de veras –Y con eso, la torre de comunicaciones cerró la línea.

Los seis aviones jamás fueron encontrados.

Hay millones de personas varadas, a la deriva, buscando desesperadamente un camino hacia Dios. Ya han probado todo lo demás, todas las imitaciones, han probado lo que el mundo les ofrecía y siguen vacíos y en necesidad. Solo buscan esa luz, una sola luz que los lleve a casa.

IR MÁS PROFUNDO

Lea 2 Corintios 5:17-21. Elija un versículo y escriba en su diario utilizando la GUÍA que hay al final de capítulo. Tómese su tiempo para meditar en lo diferente que será su vida a causa de lo que acaba de leer.

> Por lo tanto, si alguno está en Cristo, es una nueva creación. ¡Lo viejo ha pasado, ha llegado ya lo nuevo! Todo esto proviene de Dios, quien por medio de Cristo nos reconcilió consigo mismo y nos dio el ministerio de la reconciliación: esto es, que en Cristo, Dios estaba reconciliando al mundo consigo mismo, no tomándole en cuenta sus pecados y encargándonos a nosotros el mensaje de la reconciliación. Así que somos embajadores de Cristo, como si Dios los exhortara a ustedes por medio de nosotros: "En nombre de Cristo les rogamos que se reconcilien con Dios." Al que no cometió pecado alguno, por nosotros Dios lo trató como pecador, para que en él recibiéramos la justicia de Dios.

TÍTULO

:: guía bíblica

_____
_____
_____
_____
_____

:: ubicación en contexto

_____
_____
_____
_____
_____

:: implementación

_____
_____
_____
_____

:: amén, que así sea

_____
_____
_____
_____
_____
_____

CAPÍTULO 12

LA UNIVERSIDAD DEL ESPÍRITU SANTO

"En los profetas está escrito: 'A todos los instruirá Dios'".[1]

Encontrará a sus mejores amigos en La Biblia. Son hombres y mujeres escogidos y designados por Dios para que sean sus amigos. Ellos lo guiarán y lo instruirán. No hay seminario, conferencia o foro de liderazgo que pueda superar a estos maestros que encontrará al entrar en La Biblia. Como paralelo, podría decirle que buscar un sustituto sería como si los padres permitieran que los medios de comunicación criaran a sus hijos.

Todos los años, como presidente de la Escuela Bíblica de la Cuenca del Pacífico aquí en Hawái, presido la ceremonia de graduación. Para muchos esta ceremonia es una alegría, ¡y supongo que para otros es una sorpresa!

La mayoría de las personas esperan algún día graduarse, con un diploma en algún campo de estudio. Es una meta. Pero hay una sola universidad de la que no saldremos nunca en esta vida: la Universidad del Espíritu Santo. El programa de aprendizaje implica un proceso de toda la vida, con instrucción y capacitación por experiencia propia. Llegará el día de la graduación cuando pasemos por las puertas del cielo. Pero hasta ese momento, la Universidad del Espíritu Santo seguirá dándonos estudios, experiencias, dificultades, consecuencias, disciplina, viajes y cantidad de compañeros de viaje.

Esta semana tuve el privilegio de viajar unos kilómetros con una de nuestras mentoras divinas. Rut me enseñó mucho a partir de su humildad y perseverancia... dos cualidades que lamentablemente, me han faltado en varias ocasiones. Me contó su historia, y la escribí, tal como la oí, en las páginas de mi diario.

MENDIGA Y PRINCESA

Las mujeres le decían a Noemí: "¡Alabado sea el Señor, que no te ha dejado hoy sin un redentor! ¡Que llegue a tener renombre en Israel!" (...) Noemí tomó al niño, lo puso en su regazo y se encargó de criarlo. Las vecinas decían: "¡Noemí ha tenido un hijo!" Y lo llamaron Obed. Éste fue el padre de Isaí, padre de David.

Rut 4:14, 16-17

UBICACIÓN EN CONTEXTO

Rut no podría haberlo sabido. Ni en un millón de años. ¿Veía cómo su obediencia la vincularía a David, el rey más grande de Israel? ¿Alguna vez reconocería, aun con todas las horribles circunstancias, que su "Pariente-Redentor" sería el Mesías? ¿Podía entender lo cerca que estaba de la realeza cuando recogía lo que podía en los campos de Booz?

Uno no puede ver el futuro. Y lo que uno espera que suceda suele estar envuelto en una nube. Es confuso, como volar a ciegas. Excepto por una sola cosa: la obediencia. La obediencia *no eliminará* los obstáculos, pero sí nos permitirá sortearlos o atravesarlos. Aunque también impone requisitos: exige que vivamos por la confianza y la obediencia en sí misma, no por resultados o recompensas. No hay garantías preestablecidas. Solamente hay promesas.

Rut obedeció a Noemí y permaneció casta. En el mundo antiguo donde las mujeres mendigas no siempre se veían como virtuosas, Rut se destaca. Permaneció fiel a las instrucciones de Dios y a la intuición de su suegra hasta que Booz reconoció su fidelidad: *"... no has ido en busca de hombres jóvenes, sean ricos o pobres"*.[2]

La obediencia es fácil de reconocer.

IMPLEMENTACIÓN

Me pregunto cuántas veces he estado cerca de obtener resultados de calidad real, sin alcanzarlos. Sospecho que fueron muchas. Pero hoy, al caminar con Rut, su consejo refrescó mi alma. Su historia conmovió mi corazón.

Hoy volveré a enlistarme con los obedientes. Pocas veces sé de antemano cuál será el resultado de las decisiones que tomo. Pero obedeceré aun así, sin que me importe el miedo o temor que pudiera acosarme.

La obediencia es la guía hacia los futuros óptimos, y hoy he sido afortunado. Tuve la oportunidad de viajar en compañía de Rut, la mendiga que se convirtió en princesa. ¡Es alentador tener a una amiga que relata su experiencia de manera que me da coraje para caminar hacia la plenitud de mi futuro! Después de andar esos kilómetros con Rut, hice una pausa y oré: *Amén, que así sea. Querido Padre, sé que buscas siempre lo mejor para mí y que lo único que pides es que sea obediente, a cada paso. Hoy renuevo mi corazón y vuelvo a entregártelo. Por favor, perdóname por las muchas veces que retrocedí o me quejé. Gracias por tu paciencia hacia un santo tan poco obediente como yo. Estoy muy agradecido por tu obediencia en el calvario, cuando el infierno entero se oponía a ti. ¡Que pueda yo tomar coraje sabiendo que todo el cielo está a favor de mí!*

Mire Juan 5:39: "*Ustedes estudian con diligencia las Escrituras porque piensan que en ellas hallan la vida eterna. ¡Y son ellas las que dan testimonio en mi favor!*". Todo lo que aprendemos apunta de vuelta a la Fuente. La Universidad del Espíritu Santo es mucho más que asistir a clases. Es no tanto conocer la información, ¡como conocer al Informador!

¿UNA CLASE O UN INSTRUCTOR?

Tiempo atrás tomé una clase de guitarra *jazz* en una escuela de música de mi comunidad. Nuestro excelente instructor nos enseñó a escalar y algunos acordes que tocaríamos juntos en clase. Pero había un alumno que era un tanto lento. El maestro solía interrumpir su lección, diciendo: "Un momento, alumnos". Y luego se acercaba para enseñarle individualmente hasta que el joven aprendió a dar vuelta su guitarra, a afinarla y a tocar los acordes. Este alumno básicamente impedía el avance de todos, haciendo que la clase fuera lenta.

Realmente, podría haber sentido impaciencia ante la situación, excepto por un detalle: ese alumno era yo.

Ahora, imagine si el legendario guitarrista de *jazz* Joe Pass hubiera sido el instructor. Al terminar el día, supongamos que se acercara a mí (el alumno lento) y dijera: "Wayne, veo en ti una promesa como joven guitarrista. Veo que tienes potencial y te daré a elegir: puedes seguir en esta clase semanal o puedo reunirme contigo todos los días durante una hora. Te enseñaré a tocar la guitarra, personalmente. ¿Qué te parece?".

¿Qué cree usted que habría elegido yo? ¿Imagina que habría pedido tiempo para pensarlo? ¡Ni loco! Al instante habría elegido que el famoso artista fuera mi mentor. Le habría dicho: "Dígame a qué hora, y aunque fuera a la medianoche, allí estaré". Habría sido un honor para mí. Un año más tarde, supongo que alguien que oyera cómo tocaba yo la guitarra se detendría para preguntar:

–¿Dónde aprendiste a tocar así?

–Oh, en la escuela de música de mi comunidad.

Y quizá la otra persona diría:

–Bueno, tal vez. Pero allí no aprendiste *eso*.

–No lo entiendo.

–Es que puedo ver la diferencia. No solo tomaste clases. Tu respiración, fraseo, entonación y sonido... ¡los reconozco! Es la forma en que toca Joe Pass. Eso no te lo enseñan en una clase grupal. Has estado con el maestro. Es la única forma en que podrías haber aprendido a tocar así.

–Tiene razón –admitiría yo entonces–. Este año he estado aprendiendo todos los días con el mismo Joe Pass.

Hay una gran diferencia entre tomar clases y aprender con el Maestro.

¡LO OIGO A ÉL EN TI!

Cuando uno hace del devocional diario un hábito de vida, cuando se sienta con el Espíritu al menos durante cuarenta minutos al día, podría sucederle algo como lo que acabo de imaginar. No pasará un año antes de que hable usted con alguien sobre una de las oraciones de su diario, o que le describa lo que aprendió, y la persona que está escuchando lo interrumpa:

–¿De dónde obtuviste esa revelación? –Querrá saber.

–Bueno, fui a la escuela bíblica.

–Seguro. Pero hay mucho más que eso. Eso no lo obtuviste en la escuela bíblica. Te lo enseñó el Maestro, ¿verdad? La carne y la sangre no te revelan eso. Fue mi Padre celestial.

¡Qué gran diferencia! No serán los que toman una clase a la semana quienes cambiarán al mundo. Lo cambiarán hombres y mujeres que a diario se sientan a los pies de Jesús escuchando su Palabra. Alguien lo oirá dar un consejo o consolar a otro y, al instante, reconocerá que sus palabras tienen el tono de voz del Padre. Los demás identificarán que hay una autoridad que resuena más allá de lo que usted dice. Y en ese momento, no será usted solamente quien hable: el Padre estará hablando a través de usted. Y se habrá convertido en vocero del Señor.

¡SIGUA ADELANTE!

:: guía bíblica

Olviden las cosas de antaño; ya no vivan en el pasado. ¡Voy a hacer algo nuevo! Ya está sucediendo, ¿no se dan cuenta? Estoy abriendo un camino en el desierto, y ríos en lugares desolados (Isaías 43:18-19).

:: ubicación en contexto

Hoy Isaías me recuerda que debo seguir adelante, esperando qué vendrá. Ese debe ser el grito de mi corazón. "¿Qué es lo que puedo reparar o desarrollar para mejorar? ¿Qué debo corregir, restaurar, preparar? ¿En qué he de invertir mi tiempo?".

:: implementación

Si paso mi tiempo lustrando mis trofeos o lamentando mis errores, mi futuro pasará sin que lo note. Aunque son lindos los elogios, como dice Pablo, debo olvidar lo pasado y seguir adelante hacia lo que vendrá (vea Filipenses 3:13-14). En lo que hay por delante, está el potencial, y allí se descubre la promesa, se revela la esperanza, surgen las expectativas y se moldea la visión.

Solo cuando empiece a mirar hacia delante y siga caminando, verá el sendero en medio del desierto y también los ríos en el desierto. Lamentar el pasado no puede más que dejarme ciego. Si vivo repasando mis dolores o lamiendo mis heridas, todo eso me robará mi mañana. Iré tras las lecciones y daré gracias a las "Consecuencias" por su método de enseñanza brutal aunque efectivo, y luego avanzaré para mejorar mi futuro. C. S. Lewis dijo: "Cuando miras hacia el sol, la sombra siempre quedará detrás de ti".

:: amén, que así sea

Gracias, Señor Jesús, por aumentar mi potencial al redirigir mi enfoque y abrir mis ojos a los ríos y los caminos que antes no veía.

NO ES UN PROGRAMA. ES UN PROCESO

Es la diferencia que cambia vidas, que tiene impacto eterno. Es la diferencia entre dos preguntas: "Disculpe, ¿usted es cristiano?" y "¡Wow! Habla como Jesús. ¿Quién le enseñó eso?".

Cuando uno empieza a sentarse a los pies de Jesús para escuchar su Palabra, recordando y repitiendo en la mente todo lo que ha oído, eventualmente los pensamientos de Dios se convierten en propios, y sus caminos son los nuestros. Entonces uno empieza a pensar con lo que La Biblia llama *"la mente de Cristo".*[3]

Una vez más:

> Al ver la osadía con que hablaban Pedro y Juan, y al darse cuenta de que eran gente sin estudios ni preparación, quedaron asombrados y reconocieron que habían estado con Jesús.[4]

¿Cómo puede uno responder a las vueltas de la vida como respondería Jesús? La única forma es aprendiendo a pensar como piensa Él. Esta es la manera de responder como responde Él. Cuanto más leemos La Biblia, más empezamos a pensar como piensa Él, a actuar como Él actúa. Y así, con el tiempo, uno va recibiendo la sabiduría de todos los tiempos. De hecho, uno podría decir que cada vez que uno lee La Biblia, Dios la vuelve a inspirar.

PODEMOS ACEPTAR O RECHAZAR LA INVITACIÓN

A cada uno, el Señor le hace esta invitación, preguntándole: "¿Vas a elegir alimentarte por tus propios medios o vas a esperar que te alimenten con cuchara una vez a la semana? ¿Querrás entrar en la Universidad del Espíritu, donde puedo ser tu mentor personal cada día?".

¡Qué honor es tener como mentor a Dios cada día de nuestras vidas! Y al pasar tiempo en oración y en su Palabra, estamos haciendo exactamente eso. Pero note, por favor, que dije "en oración". Si uno busca entrar en La Biblia a diario para estudiar intensivamente durante veinticuatro horas sin invitar a Dios mientras lee, entonces tomará el mismo barco que tomó Judas Iscariote. Es un barco que va a la deriva.

Todos los discípulos, y eso incluye a Judas, habían estado con el Maestro todos los días, durante tres años seguidos. Pero no fue sino hasta después de Pentecostés que la mayoría de las lecciones que habían oído se aplicaron a sus corazones. ¿Por qué esa demora? Porque el Día de Pentecostés Dios envió al Espíritu Santo para que habitara en cada creyente, en parte para que las lecciones que habían oído entraran en sus corazones, hasta lo más profundo. Tiene que ser el Mentor Divino quien aplique a nuestros corazones las lecciones de Las Escrituras. De otro modo, solo estaríamos acumulando conocimiento inútil, datos esotéricos, la trivia bíblica. Recuerde que Judas pasó con Jesús tanto tiempo como los demás discípulos. Sí, Pedro, Santiago y Juan tuvieron algo de tiempo de instrucción especial. Pero Judas había estado junto al Hijo de Dios durante meses, viendo milagro tras milagro y oyendo enseñanza tras enseñanza. Judas tiró todo eso por la borda.

NO PERDER EL OBJETIVO

F. Kefa Sempangi escribió un muy buen libro llamado *A Distant Grief* (Un dolor distante), que nos alerta acerca del hecho de que podemos perder nuestra meta. Sempangi soportó la horrenda dictadura de Idi Amin durante el opresivo pasado de Uganda. Como joven ministro, fue testigo de persecuciones y asesinatos de varios creyentes. Sus amigos desaparecían. Se masacraban aldeas enteras. Para escapar del maltrato, huyó con su familia a los Estados Unidos.

Allí, él y su esposa Penina se inscribieron en un seminario para continuar con su capacitación para el ministerio. A medida que pasaban los años, también quedaban atrás los miedos constantes con los que habían vivido tanto tiempo. Las tensiones y la ansiedad que se habían convertido en la norma para su existencia fueron quedando en el pasado, y empezaron a sentir una nueva calma, nueva seguridad. Sempangi escribe:

> El primer semestre aquí pasó muy rápido. Penina dio a luz a nuestro hijo, Dawudi Babumba. En el otoño, yo volví a estudiar. Y entonces, en mi segundo año, noté el cambio en mi vida. En Uganda Penina y yo leíamos la Biblia para obtener esperanza y vida. Leíamos para oír las promesas de Dios, oír sus mandamientos y obedecerlos. No había tiempo para discusiones ni para discrepancias religiosas o dudas.
>
> Ahora, en la seguridad de esta nueva vida y con la realidad de la muerte cada vez más lejos de mi mente, encontré que leía las Escrituras para analizar los textos y especular acerca de su significado. Empecé a disfrutar

de las discusiones teológicas abstractas con mis compañeros de estudio y, aunque eran discusiones que desafiaban nuestro intelecto, no pasó mucho tiempo antes de que nuestro compañerismo se basara en ideas más que en la obra de Dios en nuestras vidas. No era la sangre de Jesucristo la que nos daba unidad, sino nuestro acuerdo sobre temas doctrinales. Nos reuníamos no para la confesión y el perdón, sino para el debate.[5]

No debemos perder el objetivo. No es el programa, sino el proceso lo que cambia nuestros corazones cuando nos sentamos con el Maestro. No es este un fin en sí mismo sino un medio para parecernos cada vez más a Cristo. Miremos con atención, pero para verlo a Él, no para conseguir información sobre Él. Escuchemos su voz, no para que nos dé ideas nuevas. Lleguemos al corazón de Dios y no nos apresuremos a difundir nueva información hasta tanto no nos salga por los poros. Primero, dejemos que se decante, que entre en nuestros corazones. Es alimento para el alma, y no forraje para el intelecto o las ideas.

LA FORMA DE ORACIÓN MÁS SUPREMA

Hace unos años asistí a una reunión de oración pentecostal en Pórtland, Oregón. Solo hacía tres semanas que había entregado mi vida al Señor. Esta iglesia era conocida por las reuniones que comenzaban a las siete de la tarde y duraban toda la noche. Era una cacofonía de sonidos, donde todos oraban en lengua espiritual y gritaban a más no poder.

Para mí, sonaba a espiritual de veras. Pensé que el "ganador" sería quien hablara más alto, más rápido y más palabras sin tomar aliento durante una hora seguida. Pero esa noche salí muy desalentado. Yo no podía orar así. ¡Cada tanto necesitaba tomar aire! Y eso significaba que siempre perdería. Pensé: *Como cristiano, soy lamentable*.

Iba caminando hacia mi casa cuando se me ocurrió otra idea: *Pero, un momento. Si hablan durante una hora sin parar, ¿cuándo escuchan la voz de Dios? Pienso que necesito oír lo que me está diciendo Dios, mucho más de lo que Él necesita oír lo que yo le estoy diciendo. Tiene que haber una mejor forma de orar. Pero entonces... ¿qué puedo saber yo? Soy creyente desde hace muy poco tiempo.*

Seguí caminando y pensando, y eventualmente llegué a algunas conclusiones: *Bien... cuando leo La Biblia, ¿quién habla? Dios. ¿Y quién escucha? Yo.*

Así que ¿significa esto que la forma de oración más suprema es cuando hago mi devocional, y Dios me está hablando?

Creo que allí di en el clavo. No se equivoque: *la forma más suprema de orar no es cuando usted le habla a Dios. Es cuando Él le habla a usted.*

CAMINO DE UNA SOLA MANO, MÁS QUE DE DOS

Sí, sé que existe la súplica. Y la intercesión. Y el dar gracias y el alabar a Dios. Pero nada de eso podrá reemplazar lo que significa sentarse a los pies de Jesús y escuchar su Palabra con el corazón y los oídos bien abiertos para absorber cada letra. Estoy convencido de que es más necesario que oigamos a Dios, en lugar de que Él nos oiga. Necesitamos oír más sobre sus planes para nuestras vidas, en lugar de decirle qué es lo que planificamos nosotros para el futuro.

Hace poco un amigo me dijo: "Wayne, muchas veces leo La Palabra, pero no me tomo tiempo para orar. Pienso, *no tengo tiempo para eso*. Sí, me hago el tiempo para leer La Palabra para poder tacharlo de mi lista de tareas espirituales. ¡Lo hago! Pero encuentro que la mejor forma de corregir el curso es cuando estoy delante de Dios, esperándolo. Entonces es cuando de veras Dios me explica las cosas".

¡Escuche eso! ¿Lo oye? Es otro martillo que da justo en el clavo. Recibimos la mejor instrucción, no cuando hablamos sino cuando escuchamos.

Piense en David, el mentor preferido por todos. Él no siempre escuchaba la voz de Dios, ¿verdad? Antes de cometer adulterio con Betsabé, ¿cuántas veces cree usted que el Señor hizo sonar la alarma de advertencia? Apuesto a que fueron varias. Pero David se negó a escuchar. Endureció su corazón y finalmente se hundió en el burdo pecado del sexo ilícito y el asesinato.

Tenemos que ablandar nuestros corazones, con toda voluntad, y hacer que sean más susceptibles a las campanas de advertencia, a los llamados de atención urgentes del Padre que nos ama. Cuando abrimos el corazón ante Él, hasta podemos oír sus suspiros. Dios ya no necesita gritar entonces.

Créame, amigo, amiga. Es mucho mejor escuchar el susurro de Dios que esperar el grito divino. Por lo general, el grito llega bajo la forma de una grave consecuencia. Y no queremos nada de eso.

¿Cómo es "escuchar" entonces?

Tal vez sea levantarse de la silla después de leer La Biblia y orar, o dar un paseíto invitando al Espíritu de Dios para que nos hable, aplicando la verdad que acabamos de leer. O quizá significa anotar un versículo que

Dios destacó durante la lectura del devocional, guardando el papelito en el bolsillo o la cartera para poder leerlo varias veces ese día, absorbiendo ese pedacito de verdad y pidiéndole al Mentor Divino que nos hable a través de esas palabras.

Puede ser también el almuerzo a solas, repasando lo anotado en el diario devocional en las últimas semanas. No importan los detalles. *Los ingredientes esenciales son La Palabra de Dios, el Espíritu de Dios y un corazón que se esfuerza por oír la voz de Dios.*

HONRAR DE VERAS AL REY

¿Recuerda la conmovedora historia de los tres hombres poderosos de David que arriesgaron sus vidas para cumplir con un impulsivo capricho de su líder? Creo que este relato puede enseñarnos mucho sobre la verdadera adoración.

En ese momento, los enemigos tradicionales de Israel, los filisteos, tenían bajo su control la ciudad de David, Belén. Un día, mientras David y sus hombres descansaban en una fortaleza rocosa, David dijo al pasar, como si no hubiera nadie junto a él: *"¡Ojalá pudiera yo beber agua del pozo que está a la entrada de Belén!"*.[6] No creo que esperara que nadie tomara en serio sus palabras. Ni siquiera creo que pensara que lo estaban escuchando. Solo expresaba el anhelo de beber un poco de agua fresca y pura, de esa que hacía tan famosa a Belén. Era como si pensara en voz alta. Como si echara un deseo al viento.

Tres de sus hombres lo oyeron, se miraron y en silencio salieron de la fortaleza. Pasaron por las líneas de los filisteos y lograron de alguna manera llenar una copa con agua del pozo de Belén, y con ella regresaron adonde estaba David. Al llegar a la fortaleza, le dieron la copa con el precioso líquido a su líder y dijeron: "Eso tan especial que querías... ¡aquí está!".

David los miró, azorado. La lealtad, el coraje y la valentía de sus hombres lo conmovieron hasta lo más profundo. Tomó la copa, pero en lugar de beber dijo: "No soy digno. Arriesgaron sus vidas para traerme el agua, pero no puedo aceptar un regalo tan extravagante". ¿Sabe usted qué hizo David entonces? Se arrodilló y vertió el agua ante el Señor, diciendo por medio de su acción: "Esto solo es digno de adoración al Rey de reyes".

Cuando leí esa historia, David me dio una nueva enseñanza para que la guardara en mi corazón. Y siempre se lo agradeceré. En mi diario escribí lo siguiente:

EL REY PIENSA EN VOZ ALTA

:: guía bíblica

Entonces los tres valientes se metieron en el campamento filisteo, sacaron agua del pozo de Belén, y se la llevaron a David. Pero David no quiso beberla, sino que derramó el agua en honor al Señor y declaró solemnemente: "¡Que Dios me libre de beberla! ¿Cómo podría yo beber la sangre de quienes han puesto su vida en peligro? ¡Se jugaron la vida para traer el agua!" Y no quiso beberla. Tales hazañas hicieron estos tres héroes. (1 Crónicas 11:18-19)

:: ubicación en contexto

David no tuvo que gritarles a sus hombres para que le trajeran el agua. Ni siquiera les ordenó que lo hicieran. Solo pensó en voz alta. Tan solo este pensamiento del rey, expresado como al pasar y aun la sola sugerencia de parte del rey bastaron para motivar a estos hombres a tan arriesgada acción.

:: implementación

¿Cuál será la acción de fe que es ejemplo supremo del honor, fruto de la labor, y que solamente puede dársele a Uno, al Señor de señores? No hay adoración más grande que la de poder reconocer los suspiros del corazón del Rey, y que eso baste para moverme hacia la hazaña, a correr el riesgo, a escabullirme por las líneas del enemigo. Tantas veces he estado esperando un grito, pero eso no agrada al Rey. Porque si tuviera que gritar, no haría falta fe alguna de mi parte. Muchas veces espero a que el martillo golpee antes de moverme. Eso no le da placer alguno. Y alzo mi voz, en un rapto de adoración cuando canto el estribillo que tanto conmueve. Y digo que eso es adoración...

No. La adoración en su nivel más supremo es que mi corazón sea tan sensible que hasta bastará que mi Rey piense algo para que yo actúe. No hay nada más grande que eso.

:: amén, que así sea

Padre, quiero estar tan cerca de ti como para poder oír hasta lo que piensas, y que eso me mueva a cumplir tu deseo.

El anhelo de Dios en un susurro que sale de su corazón es lo que tiene que bastar para motivarme a actuar. Claro que puede haber incluido el cantar de estribillos, pero no se trata de eso solamente sino de algo mucho más grande. La adoración comienza cada día cuando estoy ante su trono, escuchando lo que habla su corazón. Y al salir, espero vivir de manera diferente a causa de lo que oí. A menudo solo es un susurro del Rey..., pero si lo seguimos, oiremos un grito del cielo. No hay nada que le deleite más.

PALABRAS FINALES:
LA PRESENCIA DE DIOS

"... ¿En qué seríamos diferentes de los demás pueblos de la tierra?"[1]

Permítame explicar lo que tal vez sea el mayor beneficio de ser permeable a La Palabra de Dios día a día.

Hawái tiene un atractivo especial. El clima agradable y los suaves vientos les dan a las islas una seducción única que atrae a más de cien mil visitantes por mes, todos con ansias de estar en sus costas tropicales. Las noches son encantadoras, y las mañanas son como un bálsamo. El efervescente océano le da a este estado del Pacífico su apodo de "Paraíso". ¡No hay mejor lugar que Hawái!

Sin embargo, para mí el mayor encanto de Hawái es su gente. Parecería que todo quien tenga apenas una gota de sangre polinesia sabe cantar, bailar o conquistar las olas con una tabla de surf. Esta gente cálida no se da aires de grandeza ni es pretenciosa, pero tiene un talento increíble por distinguirse con total simpleza y gracia.

Algunos de los mejores músicos, artesanos y deportistas van vestidos como modestos ciudadanos. Una madre con cuatro niños aparecerá en medio de una multitud durante un pic-nic para tocar su *ukulele* y cantar una hermosa canción de cuna hawaiana, y lo conmoverá hasta el alma. Alguien más bailará, y otra persona con su guitarra afinada para sonar con esa "clave lánguida" deleitará sus oídos. Pero los que menos aires se dan son "los acuáticos". Son una raza de atletas. Muchos han crecido a orillas del mar, y el contacto con el océano para ellos es lo mismo que respirar. Así es Nappy.

Joseph "Nappy" Napoleón es una leyenda. Con sesenta y tres años, Nappy es uno de los patriarcas hawaianos en las carreras de canoas. Equilibra un impulso competitivo con una personalidad realmente amigable. Los remeros más expertos lo miran con admiración porque no tiene parangón en las competencias en mar abierto. Ha participado en la competencia anual interisleña de sesenta y siete kilómetros más de cincuenta veces. Parece conocer a cada ola por su nombre y se siente más cómodo en el agua que en la tierra.

Conocí a Nappy hace unos años cuando empecé a practicar este deporte. Para mí era una celebridad. Bronceado por el sol y marcado por su típico aspecto hawaiano, me fue fácil reconocerlo. Fue en mi primera carrera. Aparecí con un remo nuevo, pantalones cortos recién comprados y una sudadera flamante que había comprado en oferta (Calculé que si no ganaba, ¡al menos me vería bien!).

Nappy llegó como si acabara de arreglar su jardín. Su remo parecía doblado como una herramienta de jardinería con años de trabajo, estaba viejo y cascado. Sus pantalones desteñidos asomaban por debajo de la sudadera barata, con el logotipo de un restaurante local. Llegó justo antes de que empezara la carrera. Sin botella de agua, sin gel para los músculos, sin barra de proteínas. ¡Llegó así como así... y sin acompañante!

Cuando cruzamos la línea de llegada, volví a notar su presencia. Su tripulación había llegado veinte minutos antes que nosotros. Él estaba en la orilla bebiendo algo fresco y mirando cómo nuestra canoa avanzaba centímetro a centímetro, agotada por la lucha por disputar el penúltimo lugar.

Se decía que Nappy tenía "ese toque". De años de experiencia y cientos de carreras, tenía algo especial. Supongo que es algo que cuando uno lo tiene, no necesita adornos ni fanfarria. Decía que las muchas cosas y todo ese equipo de auxilio solo le impedían avanzar velozmente. Y tenía razón. "El toque" que tenía Nappy valía mucho más que todos los accesorios que yo había comprado.

LA MANO DE DIOS

Así era David también. El pastorcito de ovejas no se destacaba demasiado. De hecho, fue en una de sus primeras luchas cuando se le ofreció la armadura de Saúl. Estoy seguro de que el rey tenía el equipo protector más moderno: liviano, fuerte pero flexible, adecuado aun para el guerrero más exigente. David lo rechazó. Una vieja gomera de cuero y unas pocas piedras le bastaron para hacer caer al gigante que había estado acosando a Israel. David tenía "el toque", y cuando el toque de Dios estaba con él, no había mucho que pudiera impedirle actuar. Todo lo demás solamente podría entorpecer su accionar.

También Esdras era así. Era un "Nappy" del Antiguo Testamento que se destacaba de entre los demás porque sobre él estaba la mano de Dios.

Este Esdras (...) Era un maestro muy versado en la ley que el Señor, Dios de Israel, le había dado a Moisés. Gozaba de la simpatía del rey, y el Señor su Dios estaba con él.[2]

Este santo que ya había pasado por muchas cosas confesó: "... *(Dios) me ha permitido recibir el favor (...) Y porque Dios estaba conmigo, cobré ánimo...*".[3] Esdras tenía "el toque", y dondequiera que iba Dios obrara con él de maneras muy potentes.

UNA MARCA DISTINTIVA

El Antiguo Testamento contiene historias que hablan de la *Shekinah*, la gloria de Dios que guió a los hijos de Israel por el Sinaí. Una nube durante el día y una columna de fuego durante la noche manifestaban la divina presencia del Señor.[4] Esa presencia le daba al pueblo confianza en la victoria, pero además tenía una función más grande: los distinguía de todos los demás pueblos sobre la faz de la tierra.

Cuando Dios amenazó con retirar su presencia, Moisés rogó:

—O vas con todos nosotros —replicó Moisés—, o mejor no nos hagas salir de aquí. Si no vienes con nosotros, ¿cómo vamos a saber, tu pueblo y yo, que contamos con tu favor? ¿En qué seríamos diferentes de los demás pueblos de la tierra?[5]

Lo que diferencia al pueblo de Dios de todos los demás no es el equipamiento ni nuestro lenguaje. No es nuestra música, nuestros programas o las calcomanías que pegamos en el parabrisas trasero del auto. Es la presencia del Señor... su mano sobre nosotros.

Durante años he estudiado con mucha avidez el tema de "la mano de Dios". A veces he visto cómo su mano reposa sobre ciertas personas y ministerios, y permanece allí durante décadas. Y en otras ocasiones, he visto que Dios quita su mano de un ministerio y la pone sobre otro. También he visto lo sucedido con un ministerio de donde Dios decide quitar su mano... ya no existe.

Mi mayor temor no es apartarme de Dios, ni perder mi matrimonio ni volver a las drogas. Mi miedo más grande es llegar a perder la mano de Dios en mi vida. Sin su mano, todo lo que hiciera yo sería, como dijo Salomón, *"¡lo más absurdo de lo absurdo!"*.[6]

UNGIDO CON ACEITE DE ALEGRÍA

:: guía bíblica

Has amado la justicia y odiado la maldad; por eso Dios, tu Dios, te ha ungido con aceite de alegría, exaltándote por encima de tus compañeros (Hebreos 1:9, del Salmo 45:7).

:: ubicación en contexto

Esto nos recuerda cuál es la fuente de la alegría. No se trata de reír, de ser risueños ni de ser positivos para recordarnos que hemos de ser felices. Es más bien una "unción" que Dios nos otorga. Él mismo ubicará por especial dispensa una alegría profunda y duradera *sobre quienes aman la justicia y odian la maldad.*

El término *maldad* implica falta de respeto a la ley, la marca del ingobernable. Es la falta de voluntad a dejarse gobernar. La incapacidad para dejarse corregir, para sujetarse o someterse al gobierno o autoridad. Es como el caballo que se niega a que le pongan el bocado y las riendas. Es la vida que se niega a ponerse bajo supervisión o disciplina. Y esto toma la forma de un corazón que se niega a aprender.

La alegría es el resultado de una vida que se somete por voluntad propia a disciplinas que producirán fruto.

:: implementación

Debo amar la justicia porque es ella la que produce perdurable confianza y satisfacción del alma. La alegría no viene solo por hacer lo correcto, sino porque además, amamos hacer lo correcto. Es una unción de alegría, y no la mera y esporádica expresión de sentirnos contentos.

:: Amén, que así sea

Padre, ¡esto sí es algo que anhelo vivir! Por favor, dame tu unción de alegría. Seré de los que aman la justicia y odian la maldad. Ayúdame a estar siempre dispuesto a aprender, a que me enseñen, a someterme y sujetarme a quienes has puesto en mi vida para que me guíen, me enseñen y me dirijan.

PEDIR LA MANO DE DIOS

Eliseo pidió doble porción del espíritu de Elías. No esperó a que surgiera la posibilidad de que esto sucediera. Lo pidió, se preparó para ello y estuvo dispuesto a ser mayordomo, administrador de lo que había pedido si le era concedido. ¿Podemos pedir la mano del Señor? ¿Podemos pedir su favor? Moisés lo hizo:

Moisés le dijo al Señor:
–Tú insistes en que yo debo guiar a este pueblo, pero no me has dicho a quién enviarás conmigo. También me has dicho que soy tu amigo y que cuento con tu favor. Pues si realmente es así, dime qué quieres que haga. Así sabré que en verdad cuento con tu favor. Ten presente que los israelitas son tu pueblo.
–Yo mismo iré contigo y te daré descanso –respondió el Señor. [7]

Moisés no había hecho esto antes. Necesitaba una guía, pero Dios todavía no le había dicho a quién enviaría. Moisés necesitaba un mentor, un entrenador, un guía. Y Dios le dijo que enviaría a su Espíritu, o presencia, en la forma de la *Shekinah*. En el Nuevo Testamento, Jesús dice que su Espíritu es el Consolador: *"Y yo le pediré al Padre, y él les dará otro Consolador para que los acompañe siempre"*.[8] La traducción literal de "Consolador" es *Paraclétos*, que significa "el que es llamado como acompañante para ayudar".

Dios nos ofrece un Consolador, un Auxiliador que será nuestro escolta en la vida. No hay Guía más grande, ni Maestro más sabio ni Consejero con mayor discernimiento. Para todo quien pida la mano de Dios en su vida, hay tutoría divina.

Porque yo sé muy bien los planes que tengo para ustedes –afirma el Señor–, planes de bienestar y no de calamidad, a fin de darles un futuro y una esperanza.[9]

Jeremías 29:11 es mi versículo de vida. Siempre he sentido gratitud porque Dios tiene divinamente planificado mi futuro. Tengo que admitir, sin embargo, que no siempre soy capaz de ver sus planes. Y si no los veo, es posible que me aparte del camino que me lleva a ellos, ¿verdad?

Eso está mal.

Antes de volver a Hawái, fui pastor en una escuela secundaria durante diez años. Uno de los momentos más importantes del año era el campamento del verano. Como sigo siendo niño en mi interior, esa semana me daba la excusa perfecta para jugar y relajarme, para soltarme el pelo (¡en esa época tenía más que ahora!) y divertirme.

Una de las cosas que hacíamos era despertar a los chicos a medianoche, la segunda noche, para salir a dar un paseo a pie. Estaban cansados porque la noche anterior habían dormido poco y salían de la cama protestando algo acerca de que los padres pagaban bastante por este campamento y otras cosas parecidas. Pero para el personal, esto era muy importante: teníamos que establecer las reglas del orden para que obedecieran durante el resto de la semana. Los chicos formaban filas en el campo y se veían como muñecos de trapo, cansados. Les hacíamos pasar en fila por un sendero, y solamente los líderes llevaban linternas. Sabíamos bien hacia dónde íbamos, pero los chicos no tenían idea. Esto era intencional, ¡porque lo hacíamos para que nadie se apartara! El objetivo era quedarse siempre cerca de quien conocía el camino. Lo que no sabían era que les estábamos llevando por un camino más largo que el que conocían, hacia la sorpresa de un lindo fogón, con chocolate caliente y cosas ricas para comer.

SEGUIR AL GUÍA

En esta vida, tal vez sepamos que Dios tiene un plan, pero como esos chicos en el campamento, muchas veces no sabemos por dónde ir. Sin embargo, hay Uno que sí sabe el camino. Es nuestro Mentor Divino y conoce cada centímetro de esta ruta planificada por Dios. Vea en qué momento llegó Él:

> Dios, en el principio, creó los cielos y la tierra. La tierra era un caos total, las tinieblas cubrían el abismo, y el Espíritu de Dios iba y venía sobre la superficie de las aguas.[10]

¡El Espíritu de Dios se nos presenta en el primer libro de La Biblia, en el primer capítulo y segundo versículo! Es decir que estaba allí desde antes de que comenzaran los siglos. Antes de que fuéramos creados, y antes de que Dios escribiera sus planes para mi futuro, ¡allí estaba el Espíritu Santo! Así que Él conoce mi futuro. Sabe dónde he de terminar. Sabe en qué he de convertirme. Conoce todos los planes de Dios y no solo eso... ¡también conoce el camino!

Yo tal vez no sepa lo que hay en mi futuro, pero sí sé quién tiene en sus manos ese futuro, así que mi objetivo en la vida es permanecer cerca del Guía. No conozco el camino, pero ¡el Espíritu sí lo conoce! Él estaba con Dios en la divina sala de diseño, cuando todo se planificó. Pablo dice: *"Porque somos hechura de Dios, creados en Cristo Jesús para buenas obras, las cuales Dios dispuso de antemano a fin de que las pongamos en práctica".*[11] El Señor nos diseñó deliberadamente para las buenas obras y quiere que las pongamos en práctica. Por eso, nos asignó un Consolador, un Auxiliador, nuestro Mentor Divino, que nos instruirá en el camino hacia nuestro legado.

Lo mejor que yo puedo hacer por mí mismo es mantener una relación cercana con Aquel que conoce el camino, porque Él me llevará a través de la oscuridad hacia lo mejor que Dios tiene para mí. Él lo diseñó de ese modo porque sabía que si no lo hacía, yo estaría solo, explorando por mi cuenta y sin rumbo, metiéndome en zanjones y callejones sin salida.

Permaneceré cerca del Guía, y mi tiempo a diario con Dios me permitirá quedarme siempre a su lado.

La diferencia más grande

He visto que quienes permanecen cerca del Consolador son las mismas personas que tienen el toque de Dios en sus vidas. Su mano está sobre ellos. Pueden verse como ciudadanos comunes, pero en realidad están muy lejos de lo que se considera promedio.

Los astrónomos dicen que viajamos a más de 106.000 km por hora, sobre un globo rotatorio que gira sobre sí mismo con una inclinación de veintitrés grados y medio. ¡Vamos más rápido que el centrifugado de la máquina de lavar! Y no nos queda demasiado tiempo porque con unas vueltas más, habremos terminado. El salmista nos recuerda que nuestra vida no es más que un soplo.[12] Santiago dice que su duración es *"como la niebla".*[13]

Tenemos poco tiempo para llegar a ser aquello que Dios planeó que seamos. Y si aumentamos nuestra actividad en la dirección incorrecta, todo será inútil. ¡Necesitamos un Guía!

Vuelva a leer lo que Moisés le dijo a Dios:

—O vas con todos nosotros —replicó Moisés—, o mejor no nos hagas salir de aquí. Si no vienes con nosotros, ¿cómo vamos a saber, tu pueblo y yo, que contamos con tu favor? ¿En qué seríamos diferentes de los demás pueblos de la tierra?[14]

Mis palabras finales para usted, querido lector, son: haga todo lo posible para integrar las lecciones de este libro a la trama de su vida. No es teoría. Es una verdad probada. Todos los mentores de todos los siglos esperan que usted los escuche. No los haga esperar más. Entre a diario en La Biblia y, en todo lo que haga, verá que el cielo derrama su polvo de luz. Eso es lo que más nos distinguirá de entre todos los pueblos de mundo, más que cualquier adorno, más que cualquier discurso.

Todo lo demás, solo hará que avance más lentamente.

APÉNDICE:
PREGUNTAS FRECUENTES

Encontrará a continuación las preguntas más frecuentes que me han hecho sobre el diario devocional. Si tiene usted alguna otra, por favor, envíemela por correo electrónico a: info@lifejournal.cc.

1) ¿POR QUÉ DEBO LLEVAR UN DIARIO DEVOCIONAL?

Hay personas que dicen:

–Wayne, yo leo La Biblia, pero no llevo un diario devocional. ¿Debo hacerlo?

–Sí.

–¿Por qué?

Bueno, en parte porque en el libro de Deuteronomio Dios les ordenó a los reyes de Israel que escribieran su Palabra de puño y letra, y luego leyeran día a día lo que habían escrito. Les mandó hacerlo, dice Dios, para que los corazones de los reyes no se sintieran superiores a los de sus conciudadanos y para que no se enorgullecieran. Pero como dije antes en el libro, si Dios indicó a los reyes de Israel que hicieran esto, los hijos del Rey también deberíamos hacerlo. El tiempo en oración con La Biblia impide que nuestros corazones se aparten de Dios.

¿Hay más razones? Enumeré algunas en el capítulo 6. (Vea, por ejemplo, *Honrar a Dios al tomar nota*). Otra de las razones es que llevar el diario devocional nos ayuda cuando llegan las pruebas y dificultades. *Y créame que llegarán.*

Como comunicador también aconsejo a la gente a llevar el diario porque sé que cuando más aprendemos a escribir, mejor sabemos comunicar, para poder tomar ideas y pensamientos confusos y poder expresarlos; y para desarrollar la capacidad de transmitir ideas y sentimientos de manera efectiva y potente. Cuando se nos llame a hablar, podremos comunicar con mayor efectividad porque aprendimos a escribir.

Sir Francis Bacon dijo: "La lectura completa al hombre, y la conferencia lo prepara. La escritura hace que el hombre sea exacto". Hoy, podríamos decir que la escritura nos convierte en pensadores más precisos.

Al escribir, vamos haciéndonos artífices de las palabras: "Mm, este adjetivo no me gusta. Este adverbio iría mejor. Esta frase lo expresa con mayor precisión". Escribir nos enseña a expresarnos. Y un ejemplo práctico es que un día, cuando comencemos a hablar, también veremos que logramos articular mejor las palabras. Mentalmente diremos: *Esta frase sirve más que la otra, y esta palabra se ajusta más a la idea*. Apenas en milésimas de segundos. La práctica cotidiana de llevar un diario devocional es de gran ayuda para desarrollar nuestra capacidad de comunicación.

2) ¿QUÉ TRADUCCIÓN DE LA BIBLIA DEBO USAR?

No me preocupa la traducción que use cada quien. ¡Solo quiero que la use con regularidad! Claro que mejor será que no elija la *Traducción del Nuevo Mundo* porque es una versión errada que ha sido creada por una secta. Solo asegúrese de que puede entender la traducción que elija.

Encontrará también varias paráfrasis buenas: *La Biblia al día, The Message* (El Mensaje, edición en inglés), que son versiones que buscan tomar el mensaje de La Biblia y traducirlo idea por idea (en lugar de palabra por palabra).

El ya fallecido Ken Taylor creó *The Living Bible* (La Biblia Viva) cuando quiso una versión que pudieran entender sus nietos. En ese momento, había pocas traducciones de La Biblia en inglés, y la obra de Taylor fue como una bocanada de aire fresco. Hay una traducción más moderna, llamada *New Living Translation* (versión solo en inglés), que se basa en la obra de Taylor. Creo que es excelente.

Otras versiones intentan traducir más palabra por palabra que idea por idea, y entre las más populares se cuentan la *Versión Reina Valera* de 1909, la Revisión de 1960 de esta misma versión, además de la Revisión de 1995. También está la *Dios Habla Hoy, La Biblia de Jerusalén, El Libro del Pueblo de Dios, La Nueva Versión Internacional, La Biblia Latinoamericana*, entre otras.

Elija la traducción que más le guste. No importa cuál escoja, ¡solo entre en La Biblia y conózcala! Conozca La Biblia con todo su corazón y decida sentarse todos los días a los pies del Señor para escuchar su Palabra.

3) ¿QUÉ HAY DE MALO EN EL USO DE OTROS LIBROS PARA MIS DEVOCIONALES?

Hay quienes me dicen: "Hago mi devocional diario, pero leo tal o cual libro en lugar de La Biblia. ¿Qué hay de malo con eso? ¿No están basados en ella?".

Les respondo que solamente hay un libro en todo el universo, que Dios prometió inspirar. No está escrito por J. O. Chambers, ¡y apuesto a que el mismo Chambers no discutiría conmigo al respecto!". El único libro que Dios prometió inspirar es aquel al que Pablo, en Efesios 6, llama la espada del Espíritu.

Por supuesto, no se trata de elegir entre una cosa y la otra, sino de sumar. Pero ante todo y principalmente, hay que ir directo a La Palabra de Dios para obtener enseñanza inspirada por el Señor. De eso se trata: "Inspirada por Dios".

La Biblia ha pasado la prueba del tiempo. Otros libros tal vez sean clásicos que mantienen su popularidad durante unos siglos y hasta quizá un milenio. La Biblia perdura desde el principio, y jamás llegará su final. Sencillamente, tenemos que volver a La Biblia.

4) ¿POR QUÉ ES TAN IMPORTANTE HACER EL DEVOCIONAL A DIARIO?

Cambiemos un poco esta pregunta. ¿Qué pasaría si Dios cambiara nuestros ojos por los suyos? ¿Qué, si por dispensa divina, se nos permitiera ver todo a través de sus ojos... para ver no como ven los seres humanos sino como ve Dios? ¿Qué si se nos otorgara una metamorfosis temporaria y viéramos la verdadera condición de las personas, la espiritual? ¿Sentiríamos tristeza o alegría ante lo que viéramos? ¿Sorpresa? ¿Angustia? ¿Maravilla? ¿Qué si pudiéramos ver no como nos vemos ahora, sino como vemos a Dios? ¿Qué pasaría si pudiéramos orar en fe, una oración como la de Eliseo con relación a su siervo?

"Señor, ábrele a Guiezi los ojos para que vea". El Señor así lo hizo, y el criado vio que la colina estaba llena de caballos y de carros de fuego alrededor de Eliseo.[1]

¿Cómo se vería la gente de su iglesia si comieran solo bocaditos pequeños durante la semana, y una buena comida únicamente el fin de semana? Ya conoce la respuesta, ¿no es así? Estarían flacos, demacrados, desesperados por alimentarse.

¿Y cómo les iría a estos santos malnutridos en la lucha contra un adversario demoníaco? ¿Puede imaginar lo que pasaría con este ejército? Serían esqueletos con mejillas y ojos hundidos, que marcharían en fila como fantasmas. Debilitados por el hambre, apenas podrían mantenerse atentos, y cada uno tendría dificultades para encontrar fuerzas para mantenerse erguidos. ¿Podría este "ejército" conquistar a la fuerza opositora? Claro que no. No habría general que los enviara a la batalla. Bueno, entonces, ¿qué sucede con el ejército del Señor? ¿Qué, con los que se reúnen los domingos por la mañana? ¿Están alimentados espiritualmente como para pelear las batallas que hay por delante? Si consideramos aquello en lo que se basa la nutrición de la mayoría de los miembros del ejército de Dios, que es solo un bocadito tomado de un devocional, o tal vez una sola comida buena los domingos como para saciar la conciencia, tendríamos que llegar a la conclusión de que al ejército de Dios le hace falta buen entrenamiento para poder luchar.

¿Se ha preguntado por qué hay matrimonios que parecen derrumbarse de la noche a la mañana? ¿Y por qué hay líderes cristianos que caen y ceden a feas tentaciones? En verdad, no hay matrimonio que se desintegre en un instante, ni hay cristiano que se aparte de Cristo de repente. Nadie muere por no comer durante uno o dos días nada más.

Habría que describir esto con mayor precisión diciendo que se trata de una caída gradual, de la desnutrición espiritual que va afectándonos gradualmente y que, para el ojo del observador, es casi imperceptible. La desnutrición de los hijos de Dios se da con el tiempo, cuando comen cada vez menos. Luego, en su debilidad, hacen algo que a todos impacta y que finalmente revela qué pasaba en verdad en sus vidas espirituales.

¿Sabe usted que más del ochenta por ciento de los que se llaman cristianos leen sus Biblias solo una vez a la semana? Y eso, por lo general, el domingo en la iglesia. Solo van para llenar su tanque espiritual y luego comen bocaditos devocionales el resto de la semana (en algunos casos).

Desearía que por solo un día Dios cambiara la forma en que funcionan nuestros ojos para que pudiéramos vernos espiritualmente. Veríamos que la mayoría de las iglesias de Norteamérica se llenan con santos esqueléticos de ojos hundidos, a los que una leve brisa podría tumbar. Por eso, cuando surge alguna nueva tendencia que empuja a la nación más y más lejos de Dios, lejos de nuestras raíces espirituales, la Iglesia no puede contra la marea. No tenemos fuerzas.

¿Cuál es la solución? Como dije antes, el *American Journal of Medicine* (Publicación Médica de Norteamérica) publicó hace poco una conclusión muy reveladora: la salud del norteamericano del siglo XXI ya no se verá determinada por lo que la gente logre que los médicos hagan, sino por lo que los médicos logren que la gente haga por sí misma.

¿Ve ahora cómo se aplica este principio también a la Iglesia? Si comemos solo una vez a la semana, que no nos extrañe que la Iglesia esté débil y con dificultades. El pan fresco puede cambiar eso porque si lo comemos todos los días, nuestro ejército será fuerte, firme y sólido. Será el único tipo de fuerza que siempre podrá marcar una diferencia en este mundo.

5) PERO ¿QUÉ PASA SI NO TENGO TIEMPO?

A veces, aunque sabemos que es importante leer La Biblia, pensamos que no tenemos tiempo para hacerlo con regularidad. Es que suceden tantas cosas en nuestras vidas ¡que estamos demasiado ocupados! Nos gustaría darnos un banquete de La Palabra de Dios, pero ¿cuándo?

Mi respuesta es: "Siempre tendremos tiempo para las cosas que consideremos importantes, para aquello que disfrutamos". Si pensamos que el golf es importante, encontraremos el momento para jugar. Tal vez el domingo por la mañana estemos cansados y sin ganas de ir a la iglesia, pero un amigo nos invita a probar un nuevo campo de golf, y allí vamos porque encontramos la energía.

Siempre tendremos tiempo para lo que nos gusta y consideramos importante, así que ¿qué dice esto de nosotros si la excusa es que no podemos encontrar cuarenta minutos al día para pasarlos a solas con Dios?

6) HAY PASAJES DIFÍCILES DE ENTENDER. ¿QUÉ PASA SI SOLO ENTIENDO UN DIEZ POR CIENTO?

No será el único lector de La Biblia con esta dificultad. Pedro entendía exactamente esta situación. Escuche estas palabras:

> Tengan presente que la paciencia de nuestro Señor significa salvación, tal como les escribió también nuestro querido hermano Pablo, con la sabiduría que Dios le dio. En todas sus cartas se refiere a estos mismos temas. Hay en ellas algunos puntos difíciles de entender...[2]

Eso me encanta. Porque si a Pedro le costaba, no hay por qué angustiarse si no lo entendemos todo. Aun así, hay más todavía. Dije antes que si no entiende usted el noventa por ciento, no se ate a lo que puede haberse "perdido" ese día. Escriba en su diario devocional sobre el otro diez por ciento que sí entendió.

Sea fiel con lo que Dios le revela, porque si es fiel, la próxima vez entenderá el veinte por ciento... y luego el cuarenta... y más adelante el sesenta por ciento. Si obedece a lo que sí entiende, recibirá revelación futura. Si no aplico las verdades que entiendo, ¿por qué debería el Señor revelarme verdades que todavía no entiendo?

Aquí hay una oración para cuando empiece a leer Las Escrituras. Me la enseñó David y se la ofrezco aquí: *"Ábreme los ojos, para que contemple las maravillas de tu ley"*.[3] Así lo hará Dios.

7) Me han dicho que la versión Reina Valera 1960 es la única verdaderamente ungida. ¿Es cierto?

No. Hay muchas versiones y paráfrasis maravillosas (vea también la Pregunta 2). En términos generales, una versión es la traducción palabra por palabra de los idiomas originales de La Biblia, y una paráfrasis se toma de una versión para presentar idea por idea.

Entre las diversas versiones, la *Nueva Versión Internacional* es una de las más leídas. Mucha gente lee mejor el lenguaje que corresponde al inicio de la escuela secundaria, y la *Nueva Versión Internacional* se posiciona en esta categoría. Hay versiones de niveles de lectura más complicado. Son más precisas con las conjugaciones verbales, pero en ocasiones pueden resultar de lectura más difícil.

Las traducciones más antiguas en idioma inglés son del siglo XVII, y Pablo el apóstol fue decapitado en Roma cerca del año 66 d. C., así que es obvio que no las usaba. Tampoco leía inglés, sino griego, hebreo y arameo.

Entre las paráfrasis en inglés hay varias que son excelentes, como *The Message* (El Mensaje) y *Good News for Modern Man* (La Buena Nueva para el Hombre Moderno). Encontrará usted que un estilo le resulta más fácil que otro. El creyente más nuevo tal vez prefiera leer primero una versión parafraseada para luego pasar a una traducción.

¡No importa lo que elija! ¡Lo que importa es que lea La Biblia!

8) ¿Qué pasa si me salto uno o dos días?

No se desanime. Cuando vuelva a su programa de lectura, comience con el texto del día y no con lo que se saltó, intentando leer más para avanzar. Comience con la lectura del día y oiga lo que Dios le está diciendo. Y luego, si tiene un poco más de tiempo, vaya hacia atrás y lea lo de los días que faltan. Si son varias semanas, le sugiero que retome desde el día en que puede leer y luego, al año siguiente, vuelva sobre el territorio que no recorrió. Niéguese a la condenación. Niéguese al desaliento y la culpa. Todos vamos creciendo y desarrollando hábitos cristianos. No permita que la culpa, el remordimiento o la sensación de fracaso manchen su disciplina. ¡Solo deje entrar al gozo!

9) ¿CUÁNTO TIEMPO LLEVA ESCRIBIR EL DIARIO?

Implementamos el sistema 20/20/20 (vea el capítulo 10). Son veinte minutos de lectura, seguidos de veinte minutos de escritura en el diario y luego, si es en grupo, veinte minutos más para hablar de lo que escribimos. El grupo de vida toma más o menos una hora en total. Si hace sus devocionales de manera individual, se aplica el mismo cálculo excepto por la parte de conversar en grupo. Eso significa que su devocional le llevará cuarenta minutos.

10) SI ES UN GRUPO GRANDE, NO TODOS TENDRÁN TIEMPO PARA LEER LO ESCRITO. ¿QUÉ HACEMOS ENTONCES?

Algunos de mis grupos tienen hasta cuarenta personas. Y de hecho, he tenido grupos de doscientas. No es problema. Después de veinte minutos de lectura y veinte de escribir el diario, divido el grupo en grupos más pequeños, de tres o cuatro personas, y conversarán entre ellos. Luego cuando concluimos, yo leo lo que escribí y hago un comentario. O le pido a alguien que como voluntario lea lo suyo. ¡Siempre habrá amigos dispuestos a ser voluntarios en todos los grupos!

11) SIEMPRE HICE MIS DEVOCIONALES EN SOLEDAD. ¿NO CORRESPONDE QUE SEA UN TIEMPO A SOLAS CON DIOS?

Recuerde que no estoy sugiriendo que se hagan los estudios bíblicos en grupo, como cuando hay alguien que enseña y todos los demás escuchan sus historias o comentarios. En el grupo de vida, nadie habla durante los primeros cuarenta minutos. El Espíritu Santo es el mentor. Y cada persona está a solas con Él, aun cuando haya otros en la misma habitación. Cada persona está "encerrada a solas" con el Señor.

Los últimos veinte minutos, sin embargo, son para escuchar y aprender también. Muchas veces he tenido momentos de revelación gracias a lo que otra persona escribió en su diario devocional. Y muchas veces he salido más rico por haber estado con otros que escuchaban a Dios. Jamás sentí que alguien invadiera mi "lugar secreto" con el Altísimo.

12) HE TRATADO QUE MI PASTOR ADOPTARA EL DIARIO DEL GRUPO DE VIDA, PERO ME DIJO QUE TIENE SU PROPIO PLAN. ME SIENTO FRUSTRADO. ¿QUÉ HAGO?

No hay un método correcto que invalide los demás. Aunque me ha llevado veinte años simplificar, probar y mejorar nuestros devocionales, de ninguna manera digo que es el único camino. Lo que sugiero es que comience, reuniéndose con unos pocos. Disfrútelo, saboréelo y vea cómo Dios lo usa para transformar su vida. Deje que el Espíritu lo aumente para que incluya a más y más personas. Pero comience por lo profundo, no por lo rápido.

13) ¿NO PODEMOS USAR EL LIFE JOURNAL Y CAMBIARLO?

El *Life Journal* tiene derechos de autor y no se puede cambiar. Pero sí puede imprimir diarios devocionales a medida para su iglesia, con permiso (vea la pregunta 14, más abajo). El Programa de Lectura de La Biblia está diseñado para ayudarle a leer cada año una vez el Antiguo Testamento y dos veces el Nuevo. Les pedimos a las iglesias que lo usen, pero que no lo cambien o impongan como requisito del devocional.

Claro que puede usar el plan de lectura que más le guste, pero este se diseñó para que aun iglesias y denominaciones diferentes se reúnan, porque todos estarán en la misma página y leyendo los mismos pasajes. Es en pos de la unidad, la camaradería y la solidaridad. Si cada iglesia desarrolla su propio plan de lectura, solamente las personas de esa congregación podrán reunirse a leer juntas.

Tuve un grupo de vida en el que se reunían personas de cinco iglesias distintas. ¡Todos pasamos momentos fantásticos, en comunión y con La Palabra!

14) ¿DÓNDE SE PUEDEN CONSEGUIR LOS LIFE JOURNAL?

Puede solicitarlos visitando www.lifejournal.cc.

15) ¿QUÉ PASA SI NO TENGO DINERO PARA COMPRAR EL LIFE JOURNAL?

No tenemos problemas de gastos. Gastamos dinero todos los días. Gastamos el equivalente a un *Life Journal* en una comida en un restaurante de comidas rápidas.

Invertir en su crecimiento en Cristo es la mejor inversión que pueda hacer usted. Si lo piensa, muchos gastamos más en una entrada de cine que en algo que puede darnos dividendos eternos. No se deje engañar por el mito de que algo como el crecimiento espiritual no debe costar nada. Puedo oír a mi amigo David que habla desde la otra habitación, recordándonos sus palabras a Ornán: *"... No tomaré lo que es tuyo para dárselo al Señor, ni le ofreceré un holocausto que nada me cueste".*[4] Quien no compra un *Life Journal* para ahorrar dinero es como el que desconecta el reloj para ahorrar tiempo. Aprenda a invertir en su crecimiento personal con Cristo. No hay mayor inversión que esta.

16) Si no puedo conseguir un Life Journal, ¿por dónde empiezo?

Una sugerencia: compre un cuaderno y en él haga su diario de vida. Deje la primera página en blanco para anotar su índice de contenidos, y la segunda para la lista de oraciones. Luego comience a numerar las páginas, a partir de la tercera.

Para los títulos, en su índice de contenidos incluya "Fecha", "Pasaje", "Título" y "Página" en el margen superior. También puede copiar el plan de lectura de un *Life Journal* y pegarlo en su cuaderno. Cuando haya terminado con estos pasos, ¡está listo para empezar!

17) ¿Qué pasa si alguien cuenta lo que escribió en su diario y resulta ser teológicamente "de otro planeta"?

No tema. Esto le da la gran oportunidad de poner en práctica sus habilidades interpersonales, mostrando gracia en su liderazgo. Pablo nos lo recuerda: *"Hermanos, si alguien es sorprendido en pecado, ustedes que son espirituales deben restaurarlo con una actitud humilde. Pero cuídese cada uno, porque también puede ser tentado".*[5]

Como cristianos necesitamos foros abiertos para debatir perspectivas diferentes que a veces ¡serán muy distintas! Hay que conversar y razonar juntos. El Espíritu Santo estará allí para ayudar, y si la conversación deviniera en discusión, habrá que llevarla ante alguien más avanzado en sabiduría o tomarse algo de tiempo para investigar. Finalmente, todos terminarán sabiendo más, con más sabiduría.

Sin embargo, recuerde resolver el tema sin romper relaciones. Jamás intercambie una amistad saludable por una "victoria" en apologética. No vale la pena. El Cuerpo de Cristo está repleto de batallas teológicas sin resolver, por ejemplo: "Una vez salvo, para siempre salvo", o "el Evangelio de la Prosperidad" y los tiempos de diversos sucesos escatológicos. Aun así somos un Cuerpo, el Cuerpo de Cristo, y podemos avanzar sin trazar líneas en la arena y apostarnos en la trinchera.

TÍTULO

:: guía bíblica

_____
_____
_____
_____
_____
_____

:: ubicación en contexto

_____
_____
_____
_____
_____

:: implementación

_____
_____
_____
_____

:: amén, que así sea

_____
_____
_____
_____
_____
_____

NOTAS FINALES

DEDICATORIA
1. Vea Jeremías 2:13

INTRODUCCIÓN
1. Vea 1 Samuel 30
2. Romanos 15:4
3. Vea Hebreos 11:4

CAPÍTULO 1
1. Proverbios 4:23
2. Proverbios 24:32
3. Jeremías 17:15
4. Jeremías 17:16
5. Salmos 11:3
6. Lucas 10:40
7. Lucas 10:42
8. 1 Timoteo 4:8
9. Proverbios 4:23

CAPÍTULO 2
1. Salmos 119:24
2. Salmos 119:67, 71
3. Proverbios 22:3
4. Salmos 19:7
5. 2 Corintios 7:8-10
6. 1 Corintios 10:10-11, énfasis del autor
7. Santiago 3:15-16
8. Santiago 3:17
9. Salmo 119:98-99

CAPÍTULO 3
1. Jeremías 15:16
2. Lucas 10:41-42, énfasis del autor
3. Juan 14:16-17.

4. Juan 16:13
5. Salmo 138:2
6. 2 Timoteo 3:7
7. Hebreos 11:4
8. Santiago 1:9
9. Proverbios 24:30-32, énfasis del autor
10. Romanos 15:4
11. Gálatas 4:1-2
12. Proverbios 13:20
13. Hebreos 11:39-40

CAPÍTULO 4
1. Salmo 34:8
2. 1 Reyes 4:29
3. Proverbios 9:10; Salmo 111:10; Proverbios 1:7 (aquí la sabiduría es el conocimiento).
4. Eclesiastés 4:13
5. Josué 1:8
6. Juan 15:1-5
7. Juan 15:7, 3. Énfasis del autor.
8. Juan 10:4-5
9. 2 Corintios 11:14-15
10. Mateo 24:24; cf. Marcos 13:22
11. Santiago 1:5-6
12. Isaías 55:9
13. Salmos 32:8

CAPÍTULO 5
1. Lucas 10:41-42
2. Juan 6:63
3. Filipenses 3:10-11
4. Filipenses 3:13-14
5. Lucas 22:39, énfasis del autor.
6. Lucas 5:16, énfasis del autor.
7. Génesis 5:23-24
8. Hebreos 11:5
9. Vea Efesios 6:10-17

10. Efesios 6:17
11. Proverbios 22:18
12. Vea Juan 14:26
13. Vea Lucas 4; cf. Mateo 4
14. Salmo 46:10, RVR 1960.

CAPÍTULO 6
1. Jeremías 30:2
2. Isaías 30:21
3. 2 Timoteo 3:16-17
4. Ver Efesios 1:18
5. Jeremías 30:2
6. Apocalipsis 2:11
7. Deuteronomio 17:18-20
8. Isaías 30:21
9. Proverbios 8:19

CAPÍTULO 7
1. 1 Corintios 8:2
2. Jeremías 17:16
3. Proverbios 25:11
4. Marcos 12:30, énfasis del autor; cf. Mateo 22:37; Lucas 10:27
5. Salmo 37:37
6. Lucas 12:27
7. Gálatas 3:6-7
8. Marcos 12:41-42
9. Juan 8:37
10. 1 Corintios 8:1-2
11. Santiago 1:23-25
12. Juan 13:17, énfasis del autor
13. Salmo 1:1-3
14. Mateo 25:28

CAPÍTULO 8
1. Juan 6:35
2. Jeremías 15:16
3. Salmo 78:25

4. Éxodo 16:4
5. Éxodo 16:20
6. Lucas 11:3
7. Hebreos 2:1
8. Proverbios 8:34, énfasis del autor.
9. Romanos 10:17
10. Mateo 23:2-3
11. Amós 8:11

CAPÍTULO 9
1. Jeremías 17:7-8
2. Salmo 46:10
3. Santiago 1:25, énfasis del autor.
4. Isaías 45:19
5. Jeremías 29:13-14
6. Marcos 12:30
7. Juan 8:32
8. 1 Juan 5:3
9. Marcos 6:3, énfasis del autor
10. Marcos 6:5, énfasis del autor.
11. Salmo 119:165, énfasis del autor.
12. Isaías 42:4
13. Salmo 42:1
14. Paráfrasis de 2 de Reyes 5:13
15. Hebreos 4:13
16. Salmo 139:23-24
17. Salmo 119:9, 11
18. Génesis 20:3
19. Génesis 20:5
20. Génesis 20:6
21. Génesis 20:7
22. Génesis 20:18
23. 2 Pedro 3:9

CAPÍTULO 10
1. Deuteronomio 17:18-19
2. Proverbios 27:17

3. Amós 8:11
4. Robert Lewis, Wayne Cordeiro y Warren Bird, *Culture Shift, transforming your church from the inside* (Cambio cultural, transforme su inglesia desde adentro), Jossey-Bass, San Francisco, EE. UU., 2005.
5. *Life Journal* (Diario de vida), Life Journal Resources, Oregón, EE. UU.

CAPÍTULO 11
1. Jeremías 15:16
2. Jeremías 23:29
3. 2 Corintios 10:3-5
4. 2 Pedro 1:20-21
5. 2 Timoteo 3:16-17
6. Salmo 22:1; cf. Mateo 27:46; Marcos 15:34
7. Apocalipsis 1:1-3
8. Isaías 40:8
9. Salmo 119:89
10. Mateo 5:18
11. Marcos 12:24
12. 1 Timoteo 4:1
13. Jeremías 15:19
14. Hechos 4:13
15. Lucas 6:40
16. 1 Corintios 15:33
17. Isaías 50:4

CAPÍTULO 12
1. Juan 6:45
2. Rut 3:10
3. 1 Corintios 2:16
4. Hechos 4:13
5. F. Kefa Sempangi, *A Distant Grief: The real story behind the martyrdom of Christians in Uganda* (Un dolor distante: la verdadera historia del martirio de los cristianos en Uganda), Wipf and Stock, Eugene, Oregón, EE. UU., 2005.
6. 1 Crónicas 11:17

PALABRAS FINALES
1. Éxodo 33:16

2. Esdras 7:6
3. Esdras 7:28
4. Vea Éxodo 13:21
5. Éxodo 33:15-16
6. Eclesiastés 1:2
7. Éxodo 33:12-14
8. Juan 14:16
9. Jeremías 29:11
10. Génesis 1:1-2, énfasis del autor
11. Efesios 2:10
12. Salmo 39:5
13. Santiago 4:14
14. Éxodo 33:15-16

APÉNDICE
1. 2 Reyes 6:17
2. 2 Pedro 3:15-16
3. Salmo 119:18
4. 1 Crónicas 21:24
5. Gálatas 6:1

ACERCA DEL AUTOR

Wayne Cordeiro es pastor principal de la New Hope Christian Fellowship (Comunidad Cristiana Nueva Esperanza) de Honolulu, Hawái, una de las iglesias de más rápido crecimiento en ese país. Él inició esta iglesia, y hoy asisten más de 12.000 personas cada fin de semana. Desde 1995, 34.000 han tomado la decisión de seguir a Cristo por primera vez. Wayne es escritor, compositor y también muy requerido como disertante. Sus libros incluyen *La iglesia como un equipo*, *Actitudes que atraen el éxito* y *Deje volar sus sueños*. Wayne tiene en su corazón el llamado a plantar iglesias y ha ayudado a plantar noventa y tres en los EE. UU. y en la cuenca del Pacífico. Él y su esposa Anna tienen tres hijos y viven en Honolulu.

Para más información,
visite www.divinementor.com

Esperamos que este libro
haya sido de su agrado.
Para información o comentarios,
escríbanos a la dirección
que aparece debajo.

Muchas gracias.

PENIEL

info@peniel.com

www.peniel.com